新雅
名人館

…美國之父…

華盛頓

編著 馮崢

新雅文化事業有限公司
www.sunya.com.hk

新雅・名人館

美國之父 華盛頓

編　　著：馮崢
內文插圖：黃穗中
封面繪圖：歐陽智剛
策　　劃：甄艷慈
責任編輯：張可靜
美術設計：何宙樺
出　　版：新雅文化事業有限公司
　　　　　香港英皇道499號北角工業大廈18樓
　　　　　電話：（852）2138 7998
　　　　　傳真：（852）2597 4003
　　　　　網址：http://www.sunya.com.hk
　　　　　電郵：marketing@sunya.com.hk
發　　行：香港聯合書刊物流有限公司
　　　　　香港新界大埔汀麗路 36 號中華商務印刷大廈 3 字樓
　　　　　電話：（852）2150 2100
　　　　　傳真：（852）2407 3062
　　　　　電郵：info@suplogistics.com.hk
印　　刷：中華商務彩色印刷有限公司
　　　　　香港新界大埔汀麗路 36 號
版　　次：二〇一七年五月二版

ISBN: 978-962-08-6801-6
© 2000, 2017 Sun Ya Publications (HK) Ltd.
18/F, North Point Industrial Building, 499 King's Road, Hong Kong
Published and printed in Hong Kong

　　美利堅合眾國（簡稱美國）的首都叫華盛頓，它是為了紀念一個叫華盛頓的人而命名的。華盛頓是個什麼人？為什麼美國的首都要以他的名字命名？別急，下面我向你慢慢介紹。 原來，在十七世紀初，世界上還沒有美國這個國家。當時最強大的老牌帝國是英國，它四處擴張，八方殖民，到 1733 年，便霸佔了北美的十三塊殖民地。1756 年，英國和法國為了爭霸殖民地開始了戰爭，這場戰爭雖然以英國勝利為結束，但經過七年戰爭，英國國庫空虛，英國政府不但不感謝在這場戰爭中作出犧牲的北美殖民地人民，為了舒緩經濟危機，反而推行苛捐雜稅，變本加厲地壓榨他們，還頒布一系列法令，剝奪了殖民地人民的自由，這終於激起了殖民地人民的反抗。 領導這場獨立戰爭的人名叫喬治·華盛頓。華盛頓 1732 年出生於北美弗吉尼亞。早年在英國殖民軍中服務，曾任弗吉尼亞議會議員，是第一和第二屆大陸會議代表。他親身經歷了受英國政府欺壓的痛苦，激起了他強烈的反抗精神。在 1775 年開始的北美獨立戰爭中任大陸軍總司令，經過六

年艱苦奮戰，終於以三百萬人口的殖民地戰勝了近三千萬人口的大英帝國，取得美國獨立戰爭的勝利，迫使英國簽訂和約，正式承認美國獨立。從此世界上便有了一個美利堅合眾國。 華盛頓在建國中立了奇功，得到了美國人民的擁護，1789年大家選舉他為美國的第一任總統，並把首都也定名為華盛頓。華盛頓在任期間，注意發展工商業和保護對外貿易；設立合眾國銀行；制定了中立的外交政策；頒布司法條例；成立美國最高法院，為美國日後的強大，打下了深厚的基礎。 華盛頓一生不屈不撓，追求自由，力主共和，被美國人民尊稱為「美國之父」，說他是「戰爭時期第一人，和平時期第一人，同胞們心目中的第一人。」 你想知道一個只受過初等教育的平民孩子是怎樣變成舉世無雙的偉人的嗎？請繼續看下去。

目錄

一 比金銀更寶貴的東西

華盛頓出身於英國著名家族。一六五七年，他的曾祖父、二十五歲的約翰·華盛頓從倫敦出發，遠渡大西洋，來到美洲販賣煙草。不料船到半海，突然狂風大作，船沉沒了，死人無數。約翰扶着塊船板，僥倖撿回性命，便在弗吉尼亞住了下來。

不久，約翰與當地富戶波普的女兒安妮結婚，小夫妻勤勤懇懇，艱苦創業。經過十年的努力，約翰成了當地富有的莊園主和礦業主。就這樣一代一代繁衍生息，從此，北美大陸便有了華盛頓這個家族。

歷史翻到了一七三二年二月二十二日，約翰的孫子奧古斯丁與瑪麗婚後的第一個兒子喬治·華盛頓出生了。這個喬治便是本書的主人公，日後被稱為美國國父的華盛頓。他是

大西洋：
位於非洲、歐洲之西，拉丁美洲和北美洲之東，南接南極洲，北接北冰洋。面積 9,336 萬平方公里。平均深度 3,627 米。

北美：
全稱北亞美利加州，位於西半球北部，面積 2422.8 萬平方公里。包括加拿大、美國、格陵蘭島、百慕大羣島、聖皮埃爾島、密克隆島等國家和地區。

華盛頓家族在北美的第四代。

奧古斯丁繼承了他的前輩艱苦創業的精神，擴大了父親留下的產業，成為當地一位很有名望的大地主、大商人。

但奧古斯丁並沒有因這些而瞧不起人，他一生忠誠老實，慈善待人，這給小華盛頓留下了深刻的印象。他多次看見父親把糧食分給窮人，即使是對待當時被人看不起的窮苦的黑人也一樣。有一個寒冷的冬天，一個乞丐來到華盛頓家門前討飯，華盛頓嫌他骯髒，說家裏沒吃的，要趕他走。父親在裏面聽見了，連忙出來，嚴肅地對華盛頓說：「我們家裏不是有麵包嗎？怎麼說沒吃的呢？你要不給就說不給，但不能說沒有，那是說謊，懂嗎？再說，人人都有困難的時候，我們能夠幫助人家，就盡力幫助一下才對。」說罷，把乞丐請進家裏取暖和吃東西。聽說這乞丐是因為家鄉災荒才出來討飯的，華盛頓的父親在乞丐臨走時又給了他一點錢，教他買幾隻小羊飼養。幾年後，這個乞丐特地從很遠的地方來還錢，並感謝父親當年的救命之恩。這件事情給小華盛頓的教育意義很大。

華盛頓六歲那年，父親從城裏給他買了一把小斧頭。那是多麼漂亮的一把斧頭！黑溜溜的把柄，鋒利無

比的斧刃，輕輕一砍，「咔喳」一聲，樹木就應聲倒地。華盛頓愛不釋手，經常把它帶在身邊，一有機會就向小伙伴炫耀。有一次，他和小伙伴玩耍，又誇耀起這把小斧頭來，說多大的樹木，只要一斧砍下，樹木就會被砍斷。小伙伴不相信，要他當場表演。華盛頓左看右看，正好不遠處有一棵櫻桃樹，他來到櫻桃樹面前，神氣地說：「你們看！」說着，使勁一砍，果然，櫻桃樹一下就被砍斷了。樂得小伙伴們直拍手，華盛頓得意極了。

誰知道，這棵櫻桃樹是父親從很遠的地方移植來的良種！他發現樹被人砍掉後，氣得直跳，說如果查出是誰幹的，一定要狠狠地懲罰他！小伙伴知道了，擔心華盛頓挨打，都叫他別承認，還答應為他保守秘密。華盛頓大聲說：「不，我不能說謊！我寧願承受爸爸的懲罰，也不說謊。」說完，便跑到父親面前：「爸爸，那櫻桃樹是我砍斷的。爸爸，我真的不知道是您從老遠移植來的良種。真的，如果我知道了，我一定不會把它砍斷。但是，我不能說謊，您說過的，好孩子不說謊。爸爸，您懲罰我吧。」父親聽了，不但沒有生氣，還一把摟住華盛頓：「我雖然喜歡那櫻桃樹，但是就算那櫻桃樹會開銀花朵，結金果子，也比不上我的一個誠實的孩子。」華盛頓終於明白，誠實是比金子和銀子更寶貴的

東西。

　　華盛頓的母親瑪麗是奧古斯丁的第二任妻子，她出身於莊園主家庭，三歲時死了父親，缺少父母的愛護和系統的文化教育，因此識字不多且脾氣固執。但正因為這樣，她自小就學會自強自立，處事幹練，善於交際應酬。華盛頓十一歲時，父親去世，由母親主持家務。她常把華盛頓帶在身邊，對華盛頓有一定影響。華盛頓性情開朗，平易近人，處事公道，很大程度上是受了母親的影響。

　　在眾多同父異母的哥哥姐姐中，華盛頓和勞倫斯的關係最好。華盛頓八歲那年，二十二歲的勞倫斯從英國學成回來。他不但帶回了英國上層人士的高雅風度，還帶回了許多華盛頓為之咋舌的新奇學問。對於華盛頓這個從小在鄉間長大的孩子來說，哥哥勞倫斯無疑是個偶像。每當月朗風清的夜晚，在櫻桃樹下，聽哥哥細說那異國的風情和見聞，那簡直是一種難得的享受；那聞所未聞的人物和故事，常使小華盛頓心馳神往。

　　一七四〇年，英國和西班牙作戰，勞倫斯應徵到西印度羣島參戰，

知識門

西印度羣島：

位於南北美之間的大海中，在大西洋、墨西哥灣和加勒比海之間。包括大安地列斯羣島和小安地列斯羣島和巴哈馬三個羣島。

在殖民地兵團中當了個上尉。華盛頓為自己有一個軍人哥哥而感到無比的驕傲，他將哥哥的每一封戰地來信都讀了又讀，從他的來信中分享勝利的喜悅。

這年夏天，哥哥休假回來，華盛頓纏着他，要他講戰鬥故事。勞倫斯就說起他不久以前跟隨弗農上將在西印度羣島的一次戰鬥：

「那一次，將軍命令我帶二百人去襲擊法國軍隊的一個基地。那天夜裏，天下着大雨，我們剛接近基地，就被敵人發現了！不等我們伏下來，子彈就『嗖嗖嗖』地在耳邊掠過。幸虧我躲得快，才伏在地下，一顆子彈就穿過了頭髮，好險！這一仗打得很激烈，我帶領的先鋒班只剩下三個人了。然而，我們得把敵人的一個碉堡炸毀，否則，後面的部隊不但沒法前進，還要遭受很大的損傷。然而，這時後續部隊已經來到我們背後一百米的地方了……」

「你趕快命令他們兩人上去呀！」華盛頓急了，打斷了哥哥的話。

「不行！我是個指揮官呀，關鍵時刻當然要挺身而

知識門

殖民地：
被帝國主義國家剝奪了政治、經濟獨立權力，並受帝國主義控制和掠奪的國家和地區。

碉堡：
用鋼筋水泥或土木臨時建築的屋形掩體。戰爭時，人掩蔽在裏面，向外面進攻的敵人射擊。

出，況且他們兩人還是新兵，沒有經驗。」

「那你衝上去了？」華盛頓更急了。

「我揹上炸藥包，俯伏着過去。儘管我很小心，可還是挨了一顆子彈。你看，就是這裏。」勞倫斯拉開衣袖，給弟弟看手上的傷疤。

華盛頓看見哥哥臂上的傷疤，嚇得驚叫起來：「你趕快撤回去呀！」

「不行！這是打仗，我不能後退。這碉堡不炸毀，裏面掃射出來的槍彈會把我們全部打死。這時，我沒有退路，只有前進！我忍着傷痛爬過去，來到碉堡面前，點燃了**導火線**^①——」

「啊呀！」華盛頓連忙閉上眼睛，雙手掩着耳朵，好一會兒才張開眼睛問，「後來呢？」

「兩軍相接勇者勝，這是弗農將軍告訴我的。碉堡被我炸毀了，後續部隊乘勝前進，我們終於奪取了敵人的基地。」勞倫斯輕鬆地説。

「哥哥，你真棒！」華盛頓敬佩哥哥，更嚮往那傳奇的**戎馬生涯**^②，「長大了我也要像你一樣去當兵！」

---

① **導火線**：用以引爆炸藥的線狀器材。常引申為引起衝突的事件。

② **戎馬生涯**：戎馬即軍馬。戎馬生涯是指在部隊的日子。

　　勞倫斯退伍回來後，當上了市民院議員和本地的少校副長官，參與當地的管理、立法和治安工作。

　　華盛頓的家庭，可以說是典型的殖民地農村的簡樸生活與歐洲各國的文明風雅禮儀融合在一起的家庭，家中成員每個人都給華盛頓重大的影響，這對於華盛頓的成長和日後的創業都是十分重要的。

想一想

1. 你對「就算那櫻桃樹會開銀花朵，結金果子，也比不上我的一個誠實的孩子。」這話是怎樣理解的？

2. 從家庭每個成員對華盛頓的影響中，你有什麼體會？

二　天有多高

　　華盛頓小時候的啟蒙老師叫霍比。

　　霍比老師教華盛頓識字和計算。聰明的華盛頓很快就學會了那些簡單的知識。漸漸地，他驕傲起來，甚至看不起老師。

　　有一次，華盛頓聽大人們講神話故事，說天有九千九百九十九萬丈高，一個僧侶到天上尋求幸福，每天走一萬丈，走了九千九百九十八天，還有

僧侶：

泛指佛教或某種宗教的出家人。

一天就到了，但這時他累得打起了瞌睡，就一個觔斗又掉回到地下。這個故事本來是教人做事要有始有終，不要半途而廢的。不料，華盛頓以為天真是九千九百九十九萬丈高，就回來考老師：「霍比老師，你知道天有多高嗎？」老實的霍比瞇着雙眼，茫然地搖搖頭。小華盛頓立時得意起來：「這麼簡單的問題你都不懂？還當我的老師呢！」

　　霍比老師歎了口氣：「我親愛的喬治，或許你的批評是對的。但是，你要知道，任何一個人的知識都是有限的。我這個當老師的，只能把我知道的知識傳授給

你。我不知道的，同樣也要向別人學習。我不能為了面子，把我自己都不明白的事情去教給你啊。」霍比老師便向華盛頓請教「天究竟有多高」的問題。華盛頓得意洋洋地把那故事說了出來。霍比搖搖頭，嚴肅地說：「孩子，『天有多高』這是一個很深奧的科學問題，需要我們認真學習和探討才能得到答案，光靠道聽途說是不行的。」華盛頓臉紅了，他從霍比老師身上除了學到知識外，還學到了做人的道理。

　　華盛頓六歲時到了附近學堂讀書，他對數學產生了濃厚的興趣，鑽進了一個精密的思考王國。華盛頓吸取「天有幾高」的教訓，認真讀書，凡事問個為什麼，學習上進步很快。那時最熱門的學問就是土地丈量，就跟我們現在學習電腦一樣。華盛頓對這門學問很感興趣，而且成績也不錯。後來還學會處理各類商業文件、法律文件、會計賬目，這對後來管理家庭莊園和部隊賬目都很有幫助。

　　有一天，華盛頓看見一位同學手中有一本書，他便借過來翻翻。這書是本傑明‧富蘭克林寫的，書名叫《致富格言》。不料華盛頓一翻就

知識門

本傑明‧富蘭克林 (1706-1790)：美國作家、政治家、科學家。創辦賓夕法尼亞大學。獨立戰爭時，參加反英鬥爭，當選為第二屆大陸會議代表，並參與起草《獨立宣言》。

愛不釋手，書中「時間是生命，勤奮是幸運的母親」、「好好管理你的商店，你的商店也管理了你」等格言使他十分感興趣，於是，他徵得同學同意，把書帶回家認真地看了起來，並且作了筆記，還特別記下了富蘭克林這個名字。

華盛頓如饑似渴地吸收了許多課外的知識，很快便成了全班成績最好的學生。他品學兼優，但不驕傲，懂得尊重別人，被大家推選為班長。由於他自小從母親那裏繼承了公正處事的為人之道，很得老師信任，學校常常讓他參與制定校規和各種守則，這樣便鍛煉了他的組織和領導才能。

華盛頓特別喜歡參加各種體育活動。跑步、拳擊、擲鐵餅、跳高等等都是他的強項，常常在學校體育比賽中獲獎。有一次，他和一班小伙伴放學回來，一邊走，一邊給同學講他哥哥勞倫斯打仗的故事。說着說着，大家興趣來了，就地演習起哥哥參加過的那場戰鬥來了。他們分為兩派，一派當英軍，一派當法軍，華盛頓扮演英軍的弗農司令。大家就地折樹枝當刀槍，捏泥巴當手榴彈，一包包的沙子便是炸藥包。這一「仗」打得十分激烈，最後以華盛頓這個「總司令」閱兵頒獎為結束。以後，每到星期天，他們就出來「打仗」，而且，吸引了越來越多的伙伴

參加，甚至附近學校的小同學也加入了他們的「戰鬥」行列。華盛頓便被同學推選為他們那間學校的小司令。經常的體育鍛煉和室外活動，練就了華盛頓強壯的體格，這也為他日後的戎馬生涯打下良好的基礎。

一七四二年，戰爭結束。哥哥勞倫斯回到家鄉，與威廉・費爾法克斯**勳爵**的女兒安妮小姐結婚。為了紀念他的老上級弗農將軍，他把居住的山莊改名為「弗農山莊」。第二年，父親去世，長兄為父，十一歲的華盛頓便跟着哥哥勞倫斯住在弗農山莊中。

知識門

勳爵：
英國貴族的一種名譽頭銜，由國王授予，可以世襲。

因為哥哥的關係，華盛頓和哥哥的岳父威廉・費爾法克斯結成**忘年交**[①]。費爾法克斯出身英國著名家族，受過高等教育，曾當過兵，見多識廣，現在代他堂兄托馬斯照看地產。華盛頓從費爾法克斯身上學來了英國上流社會的道德觀念、禮儀典章和高雅的風度。費爾法克斯喜歡打獵，常常把華盛頓帶在身邊。山路險峻，需要很高超的騎術和無畏精神。費爾法克斯發覺身邊這個少年騎在馬上和他不相上下，心裏很高興，便教他狩獵技術和一些野外作戰的技能。

[①] 忘年交：不拘年齡輩份而相交的好朋友。

在這位老勳爵的影響下，華盛頓養成了快速跟蹤的愛好，這一技能在日後的軍事生涯中得到了充分的運用。

華盛頓在費爾法克斯的家裏發現了一本名為《待人接物行為準則》的小冊子。那是流行在英國上流社會，規範行為道德的條文，一共有一百一十條。比如，在交朋結友中，每一個行為和動作，都要表現出對朋友的真誠和尊重；不要打聽自己不應該知道的事情；不要在別人面前剔牙齒；要留心聽別人對自己説話，不要**心不在焉**[①]；不要背後議論別人；別人有難，要盡力幫助，不要幸災樂禍……華盛頓覺得這些準則對自己都很重要，便把書借來，一字一句地抄寫下來，並且自覺地照着去做。直到他成了大人，還用這些準則去教育後輩。

費爾法克斯的堂兄托馬斯作戰有功，英國皇家獎勵他一大片領地，但從沒丈量過，現在讓一些移民佔用着。托馬斯希望能有人去丈量落實。費爾法克斯看過華盛頓的丈量作業，便推薦華盛頓去，這便促成了華盛頓早期獨立生活的開始。這是後話，留在下一章再説。但是，費爾法克斯是華盛頓少年時一個較有影響力的人物，這是可以肯定的。

哥哥勞倫斯有兩個戰友，一個叫穆斯，作戰經驗十

[①] **心不在焉**：心思不在這兒，形容思想不集中。

分豐富；另一個叫范布拉姆，打槍擊劍樣樣精通，他們倆常常來弗農山莊小住，華盛頓就跟他們學習軍事知識和擊劍技術。

華盛頓的兩個哥哥都曾經在區裏當過議員，當地總督丁威迪是他們的朋友，以後丁威迪對華盛頓的政治前途也起着微妙的作用。

華盛頓既沒有在英國受過教育，他從小在費吉尼亞長大，受到的是鄉土民俗的薰陶。這使他沒有精神枷鎖，沒有上一輩人的那種傳統的國家觀念和狹隘的地域觀念，而更多的是接受了移民的開拓精神。殖民地經濟政治文化發展、社會周圍親人朋友的影響，更使他逐漸形成了一個新的「美利堅」民族意識，在他幼小心靈中朦朧地產生了一個新國家的理念。

想一想

1. 霍比老師對「天有多高」這個問題有什麼看法？你從這件事中得到了什麼啟發？

2. 在周圍的人中，對少年華盛頓影響較大的有哪些？他們分別起了什麼作用？

三 十六歲的土地測量員

華盛頓十六歲那年，在一次生日晚會上，結識了當地一位有「低地美人」之稱的姑娘。這姑娘名叫蘭格姆斯，長得異常美麗，如湖水樣的藍眼睛，柔如柳條的腰肢，還有她善良的個性，都使華盛頓着迷。但是，這位姑娘年紀比他大，只把他當成小弟弟看，這使華盛頓不敢向她表白內心熾熱的感情，因而便陷入了早戀的痛苦。後來，他又曾經愛上了一個上校的女兒薩莉，但華盛頓受着自己行為準則的約束，始終不敢把愛情發展下去。他給他的一個少年時的同學的信上説到這種苦惱：

「……我本來可以過得很愉快，但是有一個非常可人的姑娘也住在這房子裏，我常常不可避免地要和她在一起，假如我能夠遠離姑娘們一些，我一定能把這種戀愛的心情置於腦後，從而減輕我的苦惱……

「怎麼辦？不，我不能這麼早就陷入這困擾中！我還有很多知識需要學習，我的工作還沒有開始呢！把這寶貴的時間花在這上面，我還能做什麼？……」

剛好這時費爾法克斯請他到西部丈量土地。為了擺

21

脱初戀帶來的痛苦，同時也因為對獨立生活的嚮往，他答應了費爾法克斯老人的請求。

一七四八年初春，十六歲的華盛頓帶着簡單的行李，騎着一匹快馬，獨自離開了充滿親情和歡樂的山莊，沿着謝南多爾河畔，向遙遠荒涼的藍嶺西邊挺進，走上了他獨立生活的第一步。

野外生活遠沒有小説上寫的那麼浪漫，不，簡直是糟糕透了。先説吃的吧，那是又黑又粗的麵包，喝的是窪地裏苦澀的髒水，難以入口。華盛頓想了個土辦法，隔天打水回來，用幾層紗布過濾，再攙些帶來的牙膏進去，才勉強可以入口。住的呢，更是簡陋，房子是臨時搭起來的帳篷。這地方滿是蝨子，隨手一摸，就可以從身上抓出一把。夜裏還飛來許多嗡嗡叫的蚊子，蚊子在上面叮，蝨子在下面咬，弄得他翻來覆去的不能睡覺，只好起來烤火過夜。有一次，半夜裏正睡得香甜，忽然覺得身上熱辣辣的，原來，他的衣服已經被火燒着了，再遲一點就沒命啦！

美洲西部住的多是印第安人。有

知識門

謝南多爾：

印第安語，星星的女兒的意思。

知識門

印第安人：

美洲最早的居民。屬蒙古人種，講印第安語。早期曾創造高度發展的瑪雅、印加等文化，對人類貢獻很大。十六世紀起受到歐洲殖民者的摧殘，人口銳減。

一次，華盛頓剛睡醒過來，忽然看見面前來了一羣印第安人，他們手中的刀箭正對着他！華盛頓嚇了一跳，自己又不會説他們的語言，怎麼辦？他很快鎮定下來，對他們裝出一副笑臉，表示出友好的樣子。然後，從背囊裏拿出一瓶酒，用手勢表示這是送給他們的。印第安人明白了他的意思，接收了他的禮物，把酒喝完後，點燃**篝火**^①，以古老的儀式歡迎他。他們在一口水缸裏灌上半缸水，在缸上鋪上一張獸皮，蒙成一張鼓。一個打扮奇特的武士猛烈地擂響大鼓，其他人便跳起舞來。擂完一輪鼓，一個大家叫他阿男的長者，上前邀請華盛頓和他們一起跳舞。華盛頓笨拙地學着他們跳舞的動作，加入他們的行列，一直鬧到天亮。以後華盛頓便和這些印第安人交了朋友。別看這只是偶爾的一次遭遇，這為華盛頓日後率領部隊到邊疆，與印第安人打交道時增加了不少方便哩。

當時的科學遠沒現在這樣發達，沒有專門的測量儀器，要丈量土地，只能看標杆進行原始的步行目測。華盛頓每天東奔西跑的，辛苦極了。但是他沒有退縮，每天早出晚歸，工作十分細緻，不但把托馬斯的領地面積

---

① **篝火**：指在空曠的地方或野外架起木柴燃燒的火堆。

準確測量好，連每塊土地的土質也記錄下來，並且寫出他的建議，哪塊地適合種玉米，哪塊地可以種麥子，哪塊地只能建房子用……

這次西進丈量，他還有個意外的收穫，就是親眼看見了社會下層人們的痛苦生活。他看見鄰居麥考傾家蕩產賣身抵債；看見梅森媽媽帶着兩個孩子，起早摸黑地工作但還吃不飽飯；看見許許多多黑人孩子沒有書讀……

一個月後，華盛頓拖着疲乏的身子勝利歸來。他把這次獨闖藍嶺的經歷寫成詳細報告交給費爾法克斯。費爾法克斯看見報告上不但有準確的面積數字，還有關於各種不同土地使用的建議，尤其是看了他的艱苦的野外工作日記，對華盛頓表示滿意和敬佩，便把他推薦給政府。剛好這時政府也正需要測量土地，知道華盛頓有測量經驗，便批准他當一名正式的官方土地測量員。

一七四九年夏天，華盛頓來到弗吉尼亞首府威廉斯堡，被政府正式任命為卜爾佩普縣的土地測量員。這次是測量一個縣的土地，工作量可比當年測量托馬斯領地大得多了。華盛頓有了上次的經驗，工作起來駕輕就熟，因而比上次做得更好。他測量出來的數據被引為這個縣各種檔案的權威數據，且到現在還保存着。就這

樣，華盛頓又接着幹了三年艱苦的野外測量工作。

在那時，土地測量是技術性相當高的工作，華盛頓因此得到豐厚的報酬。第一次為托馬斯測量土地時，費爾法克斯每天付給華盛頓一點酬勞。華盛頓成為政府測量員後，每月工資是一百四十英鎊。第一次接到費爾法克斯付給的報酬時，華盛頓激動得摟着哥哥大聲叫：「哥哥，我成功了，我成功了！」哥哥生氣地說：「胡說，你成功什麼！掙了這麼一點錢就叫成功？」華盛頓說：「不，不是。哥哥，我成功地戰勝了自己。我終於能夠學會從痛苦中自拔，學會從現在看到將來。」哥哥看着這個嘴唇已經長出鬚根的弟弟，點點頭：「是的，人，是要看遠一點。」

華盛頓把丈量土地賺到的錢購買土地，剛年滿十九歲的華盛頓便成為擁有一千四百五十九英畝土地的年輕紳士。這時的華盛頓雄心勃勃，想像他父親一樣成為一個大莊園主。

三年多的野外測量生活，使華盛頓經歷了大自然的風吹雨打，磨煉了他的堅強意志，培養了他吃苦耐勞的精神；這段時間對下層社會的接觸，更提高了他獨立的思想意識。這，對華盛頓的個人成長，以至未來美國的誕生都有着不可估量的意義。

想一想

1. 從華盛頓丈量土地這段經歷中，你有什麼體會？

2. 華盛頓是怎樣對待早戀的？

四 俄亥俄冒險之旅

一七五二年七月十六日，三十五歲的勞倫斯因患肺病，離開了人世。他臨死前以他弗吉尼亞民團副官的資格，寫信給他的朋友、當地總督丁威迪，推薦弟弟華盛頓為南區民團副團長。

華盛頓的兩個哥哥都曾經在區裏當過議員，丁威迪當然不敢怠慢華盛頓一家。況且華盛頓十六歲就當上土地測量員，十九歲便成為擁有一千四百五十九英畝土地的年輕紳士，在當地也算是小有名氣。因此，不用很多周折，一七五三年華盛頓便就任民團副官。這年他才二十一歲。

如果説當土地測量員是他獨立生活的開始，那麼，現在便是他的軍事生涯的開端。

在華盛頓步入軍界時，國際形勢正發生激烈的變化。英、法兩國對俄亥俄的爭霸正在加劇。

原來，一七四八年英國和法國簽

知識門

俄亥俄：
在北美俄勒格尼山西部。

《亞亨和約》：
一七四八年奧地利王位繼承戰爭結束後，由英法兩國簽訂。

訂的《亞亨和約》沒有明確劃分英法兩國在北美洲領地的分界線，這就為戰爭埋下導火線。兩國之間的爭端是在俄亥俄地區。由於這地方土地肥沃，交通方便，大家都想佔為己有。英國政府加緊頒發牌照，鼓勵本國公司向這裏開發；法國總督則重申對這地方的所有權，常常教唆當地的印第安人與英國公司衝突。

　　總督丁威迪上任後，對轄地內的俄亥俄公司很有興趣。他和華盛頓都是這個公司的股東，聽說邊界發生衝突，便派人到草原去，和當地的印第安人聯絡感情。但是使者帶回來的是個壞消息：那裏的兩個印第安人部落已經投靠了法國，一千五百名法國士兵已經進駐下來，並修築了永久工事，要建立據點。

知識門

工事：
保障軍隊火力和隱蔽安全的工程建築物。包括射擊、指揮、觀察、掩蔽的戰壕等。

　　丁威迪很是生氣，派遣二十一歲的華盛頓少校到俄亥俄的法國據點遞交抗議書。

　　華盛頓是民團副官，又是俄亥俄公司的股東之一，要他去交涉，當然是義不容辭；更主要的是，華盛頓出於珍惜榮譽，也出於他的冒險性格，把俄亥俄之行看作是自己舒展拳腳的一個機遇，很樂意接受這個任務。

　　從弗吉尼亞首府到法國人建立據點的伊利湖畔，路

程長達一千哩，道路崎嶇難走，一路上冰天雪地。華盛頓和他的四個隨員**餐風宿露**①走了一個月，這天，好不容易才來到了俄亥俄北部的洛洛斯頓。華盛頓打聽到這裏居住着一個印第安人部落，由一個叫亞王的著名首領領導着，於是決定在這裏住幾天，拜訪亞王。

當天晚上，華盛頓按照以前測量土地時與印第安人打交道的經驗，備了幾瓶好酒，上門拜見亞王。可事有湊巧，亞王不在家，只見到他的副手。華盛頓送上禮物表達了對亞王的問候，閒聊幾句就回去了。第二天聽説亞王已經回來，華盛頓連忙又去拜訪，這次終於見到了亞王。

亞王見華盛頓兩次來訪這麼誠心，很是感動，便用部落的最高禮節接待了他。華盛頓誠懇地表示，英國人和印第安人是兄弟，自己此行是為了叫法國人撤走，保護印第安人的自由和利益的，希望亞王能夠合作。

亞王很是豪爽，他拍拍胸口説：「既然你瞧得起我們，那咱們便是好兄弟了。」

亞王馬上拿出早幾天法國人送來的禮物——一條金環皮帶和一盒子貝殼錢幣——叫人退了回去。喝酒之

---

① **餐風宿露**：形容野外生活的艱苦。

間，亞王終於說出來，他的父親是法國人殺死的，他心裏早就恨透了法國人。但是怕他們的洋槍洋炮，怕打不過他們，反而讓族人受苦，所以，才屈從了。

亞王越說越氣，向華盛頓提供了法國人在洛洛斯頓和伊利湖之間建立了兩個堡壘的情報，還畫出地圖。

第二天，華盛頓又應亞王的邀請，參加了印第安人的集會。他在集會上給每家人分發小禮物，表示友好。

亞王在會上向大家說了，以後只有英國人才是他們的朋友，要求大家以後都要和英國人保持友好關係。亞王還答應說服其他部落，也和法國人脫離關係。

華盛頓見大功告成，便辭別亞王繼續上路。亞王派出一個弓箭手和三個手下親信護送華盛頓。華盛頓一行北上又走了七十多公里，才到達法軍據點維納吉。三名法國軍官接待了

知識門

弓箭手：
以弓箭為武器的勇士。

華盛頓。他們說，這裏只是一個辦事處，沒有決策的權力，外交公文必須還要到柏夫堡司令部去投遞。

進入法國人的基地後，護送華盛頓他們的印第安人回去了。

華盛頓一行又走了一個星期，才到達柏夫堡。司令邦的總指揮未回來，傲慢的法國軍官隨便招待華盛頓他

們住下來。

華盛頓從這些軍人的態度中看得出來，邊界問題看來是不可能和平解決的了，戰爭只是遲早的問題。於是，他藉着等候總指揮回來的機會，每天裝作散步的樣子，偷看基地的地理環境和工事設施；藉着抽煙和喝酒的機會，向法國士兵打探兵力情報。

幾天後，總指揮回來了。果然，他盛氣凌人地說，此地本來就是他們法國的，不容別人侵佔。但華盛頓也不甘示弱，他義正詞嚴地向對方申明了英國政府的立場。華盛頓冷靜、堅毅的神態，令到法軍總指揮也不得不對他刮目相看，馬上寫了封回信，客客氣氣地請華盛頓帶回去。

第二天，華盛頓帶着法國總指揮給丁威迪總督的回信啟程回去。這時天氣很不好，路上更加困難。

在那滴水成冰的日子裏，帶去的馬匹都凍死了，他們只好各自揹上背包艱難步行。不料，屋漏偏逢連夜雨，在一天夜裏，他們正熟睡時，又遭到不明真相的印第安人襲擊，嚇得他們連夜逃跑，慌忙中連東西也來不及拿。天明時逃到一條河邊，前無去路，後有追兵，真不知如何是好！幸好這時印第安人沒再追來，他們才鬆了口氣。

可是，眼前滔滔河水，河又深水又凍，怎麼過去？華盛頓只好和大家一起，拿起斧頭，到附近的樹林子裏去伐木做木筏。忙了一整天，好不容易才砍到幾根粗大的木頭，紮成大筏，推進河裏。

一行人登上木筏，齊心合力直向對岸撐去。沒想到，木筏到了河中心時，經不起洶湧波濤的拍打，突然散開了！華盛頓全班人馬掉到河裏，凍死的凍死，淹死的淹死，只剩下華盛頓和他的一個助手，因為抓住一根木頭，才僥倖逃生。

他們兩人漂流到江心一個小島，又冷又餓。助手唉聲歎氣，認為這次是必死無疑的了。華盛頓雖然自己也很焦急，但還是不斷安慰他的助手：「別失望，不是説天無絕人之路麼？」

助手搖搖頭：「你看，這小島四面環水，我們就是不冷死餓死，也出不去呀。」

華盛頓知道，如果這時他稍微有點失望情緒表現出來，那他的這個助手便會更加絕望，所以，儘管自己暫時還想不出辦法，仍是極力安慰他：「別怕別怕，人不到最後的時刻，都不要放棄。別忘了，家中親人還等着我們回去團聚呢。」

33

這天夜裏，他們兩人餓着肚子，依偎着取暖過夜，實在挺不佳了，兩人便起來跑步，藉以取暖。

第二天醒來，華盛頓驚喜地發現，河水結冰了！兩人真不敢相信自己的眼睛，那助手連稱華盛頓**吉人天相**①，然後兩人小心翼翼地踩着堅冰過了河。

直到第二年元旦時，華盛頓兩人才回到弗吉尼亞。華盛頓把此行的經過向丁威迪總督作了報告。總督聽了，十分感動，獎勵了華盛頓兩人。那個大難不死的助手更是加油添醋到處宣傳，把華盛頓説得神乎其神。一時間，弗吉尼亞大人小孩都知道華盛頓是個了不起的人物。

丁威迪總督看了法軍總指揮的回信，以及華盛頓帶回來的法軍情報，意識到英法兩國之間已無妥協的餘地，便叫華盛頓寫成書面報告，遞交議會。議會隨即以《俄亥俄日誌》為書名把華盛頓的這個報告正式出版，呈送英國皇家。《俄亥俄日誌》的出版，令更多人認識了華盛頓。

知識門

議會：
又稱國會，為國家立法機關。

---

① **吉人天相**：意為好人必然會得到上天的保佑。

俄亥俄之行使華盛頓擴大了視野，增長了軍事知識，又一次顯示了他非凡的毅力。更重要的是，讓他在政治鬥爭中舒展才能，提高了他的知名度，為日後的進一步發展打開道路。

1. 在小島受困時，從華盛頓和他的助手兩種不同態度中，你獲得什麼啟發？
2. 俄亥俄之行讓華盛頓有了怎樣的收穫？

五 年輕的指揮官

丁威迪提出要用武力解決俄亥俄問題。但是，議會沒有完全贊同他的主張，最後只通過提供一萬英鎊作經費保衞邊疆。丁威迪接納華盛頓的建議，決心成立隊伍，開赴邊疆。他授權華盛頓負責招兵。

招兵也不順利。華盛頓忙了一星期，只招到二十五人，而且還都是一些衣衫襤褸甚至連鞋子也沒得穿的流浪漢。那些生活稍微能過得去的人家，都不願意讓自己的親人到遠方去受苦。丁威迪只好改變主意，宣布每個當兵的將可以得到一塊土地。這一招果然有效，好歹組成了二百人的部隊。華盛頓又請他那曾經在部隊當過中尉的劍術老師范布拉姆來擔當教官，訓練這支**烏合之眾**①。

這時，華盛頓得到消息，法國已經派遣四百人進駐俄亥俄地區。華盛頓向丁威迪報告，丁威迪立刻任命弗拉依上校任總指揮，二十一歲的華盛頓任副總指揮，由

---

① **烏合之眾**：烏合，像烏鴉暫時聚集在一起。比喻臨時湊合、沒有組織紀律的人羣。

華盛頓帶先頭部隊進入俄亥俄。

　　一七五四年四月一日，華盛頓帶一百二十人出發。十天後，來到溫切斯特小鎮附近的卡卡普河邊。偵察員回來報告，前面八百法軍正搶佔河汊地區，如果這地區被佔領，於我軍大大不利。華盛頓命令部隊急行軍，與法軍搶奪河汊地區。可是，這支臨時

河汊：
河流交叉的地方。

組合匆忙上陣的部隊素質太差了，運輸工具也不行，儘管華盛頓聲嘶力竭，那軍事要地終於還是讓法國軍隊搶先佔領了！怎麼辦？是前進還是退卻？前進？眼下已經失去地理優勢，而敵人又幾倍於我，這無疑是十分危險的；退卻？這當然可以保存生命和部隊，但這是他初出茅廬第一戰，怎能以失敗告終？華盛頓珍惜這個機遇，決心繼續前進，收復失地！

　　華盛頓想，要以自己現在的兵力和財力物力去與法國四百正規軍硬拚，這顯然是不行的。怎麼辦？他想到要尋求外援。他一邊率領部隊前進，一邊給附近殖民地總督寫信，**曉之以理喻之以利**[1]，懇求得到他們的援助。果然，這一着很有效，馬里蘭的總督答應提供二百人，

---

[1] **曉之以理喻之以利**：把道理和利害關係講明白。

38

賓夕法尼亞的總督提供一萬英鎊。不久，丁威迪總督也派人送來好消息：弗拉依上校招募的一百人隨後就到；北卡羅來納也派來三百五十人支援；新英格蘭派六百人到加拿大牽制法軍；南卡羅來納的兩個獨立連已經到達弗吉尼亞；從紐約出發的兩個連不日也將趕到……

知識門

連：
軍事組織單位。陸軍編制以組織大小來編定，「連」屬於軍隊的基礎單位，三個排加上其他直屬單位共同組成「連」，幾個「連」組成一個「營」。

華盛頓慶幸自己當初沒有後退，他知道自己作了一個明智的決策。

不久，華盛頓帶部隊來到大草原附近，與印第安人亞王聯繫上，說明此行意圖，請他們幫助偵察法軍動靜。一個大雨天，亞王派人報告，說附近來了一隊法軍，人數不多，而且紀律鬆懈，指揮官整天在喝酒打牌。華盛頓大喜，決定乘其不備，立刻出擊，打個勝仗，振奮軍心。

華盛頓帶領部隊乘着夜雨的掩護，爬過崎嶇的山路，繞過茂密的樹林，黎明前趕到法軍的駐地。這時，法國人還在夢中，等到他們糊里糊塗拿槍還擊時，華盛頓的部隊已經衝到他們面前了。華盛頓首次取得勝利，激動地寫信向家裏人報喜：「我們取得了輝煌的勝利……嗨，子彈呼呼而過，那聲音還真有點動聽

哩……」

首戰告捷，華盛頓很是高興，但他告誡部隊，要加緊防禦，提防法軍的反攻。還抓緊時間修築了一座堅固的大碉堡。

可是，狡猾的法軍沒有立刻報復，他們知道華盛頓部隊遠道而來，缺乏運輸工具，給養供應困難，於是秘密調兵，採取圍而不攻、**以逸待勞**[①]的辦法，讓華盛頓部隊坐以待斃。

果然，華盛頓遇到意想不到的困難。因為大雪封山，運輸困難，糧食供應不上，部隊已經六天沒飯吃了！士兵們把碉堡戲稱為「困苦堡」。華盛頓想盡辦法，收集大家身上所有的錢幣和值錢的物品，和當地土人換來點糧食，滿以為可以熬兩天，誰知正在這時，印第安人亞王和鄰近一個首領帶着幾十人到來，好不容易籌到的一點糧食，不到一天又吃光了！

華盛頓日盼夜盼，盼望救兵和給養的到來。可是，盼來的卻是一個不幸的消息：總指揮弗拉依在後方病死了！丁威迪派人送來一封信，任命華盛頓為這支部隊的總指揮。

[①] **以逸待勞**：作戰時不首先出擊，好好休養，以充足的精力去對付遠道而來的疲勞敵人。

　　丁威迪在信中還告訴他，南卡羅來納的兩個獨立連已快到達「困苦堡」。信中特地提醒他，獨立連是英軍，要「特別」尊重他們，以免引起不愉快的事情發生。果然獨立連到來後，與華盛頓部隊的矛盾日益激化。連長麥凱上尉仗着自己所持的是英王的委任狀，瞧不起華盛頓。獨立連另設營地，另立衛兵，不接受華盛頓的直接指揮。部隊為了運送給養，急需修築一條大路，饑寒交迫的華盛頓部隊日夜苦幹，獨立連卻在一旁袖手旁觀。華盛頓叫獨立連幫忙，麥凱説，除非你能給我的士兵每天十個先令的報酬。華盛頓十分反感，心想：「獨立連又怎麼樣？英軍又怎麼樣？我們的士兵每天才八個便士的待遇呢。你一個連長才是上尉，怎麼不聽我這上校的指

知識門

先令：

英國的貨幣單位。當時一先令等於十二便士。

揮？」華盛頓憤怒地向丁威迪寫信，發洩這種忿恨和不平。但最終他還是以大局為重，把怒氣強忍下來。華盛頓把獨立連留下駐守「困苦堡」，自己帶部隊繼續向俄亥俄河汊地區前進。

　　偵察員來報告，大批法軍已經到達迪凱納堡，很快向這裏進攻。華盛頓知道硬拼不過，命令獨立連迅速來匯合，一齊撤退。但是由於獨立連不配合，延誤了時

間，使華盛頓更加被動。撤退也很困難，肚子飢餓，山路難行，運輸工具缺乏，部隊一天走不了幾公里。華盛頓和軍官們把坐騎都讓出來作運輸用，士兵們則輪流拉笨重的大砲。而獨立連的士兵憑藉他們的皇家特權揚威耀武，不肯稍微動

手幫忙。幾天後，好不容易才回到大草原，實在跑不動了，只好原地休息，修築工事。華盛頓親自和士兵一同動手，挖戰壕，砍樹木築圍牆。

　　還不等華盛頓築好工事，法軍就追上來了。正在這關鍵時刻，印第安人首領亞王眼看英國皇家派來的獨立連不支持華盛頓，而華盛頓這邊的兵力又比不上法軍，給養也供應不上，便帶領他的人馬連夜走了。

　　這天黎明，激戰開始了。九百名法軍包圍過來。這時華盛頓雖有四百多人，其實真正能參加戰鬥的只有三百人，加上當時下起大雨，把彈藥淋濕了，根本沒法使用，所以死傷慘重。晚上，法軍開始喊話，動員英軍投降，並承諾保證讓英軍安全撤出。以華盛頓的性格，他是寧願死也不會投降的，但看到士兵們死的死、傷的傷，如果硬拚就只會全軍覆沒。經過一夜痛苦的考慮，他決定和法軍談判。開始時，法軍開出的條件十分苛刻

和帶有侮辱性，華盛頓斷然拒絕。最後法軍終於讓步：英軍不必成為俘虜，允許他們打着旗、帶着武器撤走。條件是英軍一年內不得在這片土地上設置軍事設施，並交還上一次戰役中俘虜的法軍。

華盛頓答應了，他終於帶着英軍體面地走出了敵人的包圍圈。

前後才兩個月，華盛頓從勝利走向失敗。總督把情況向議會説明，議會鑒於實際情況，不但沒有處分華盛頓，還表揚他的英勇獻身精神，並獎勵了一筆錢給參戰的士兵。弗吉尼亞及倫敦的報紙都宣傳華盛頓的事跡，連英國國王都知道了。法國方面作為反面宣傳，也發表了在「困苦堡」繳獲的華盛頓日記。華盛頓一下子成了大西洋兩岸的新聞人物。

由此可見，華盛頓的威信不光是勝利的結果，他在逆境中的堅韌不拔以及各種場合表現出來的遠見和智慧，同樣也得到人們的承認。

想一想

1. 華盛頓投身軍界對他的一生有什麼意義？

2. 華盛頓為什麼會從勝利走向失敗？

六 投身反英鬥爭

「困苦堡」之戰的失敗，使法國人更猖狂地加緊入侵。這引起英國**內閣**的注意，英王派六十多歲的老將軍布雷多克帶領兩個團到北美遠征。華盛頓畢竟是從部隊下來的，遠征軍來到弗吉尼亞，又使他懷念往日的戎馬生涯，他渴望重上戰場，再立新功，便寫信向老將軍布雷多克，表示願意以志願者的身分去服役。

內閣：
某些國家實行內閣制，內閣為國家中的最高行政機關。

華盛頓的母親反對兒子這樣做。因為以自願者的身分去服役，既沒有報酬，也沒有實權。再加上華盛頓不在家時，還得請人代管莊園。但華盛頓最終還是説服了母親。

布雷多克接納了華盛頓，安排他在參謀部擔任上校副官。

布雷多克開始對法軍作出進攻。平心而論，布雷多克老將軍還是滿有作戰經驗的。但他的那一套經驗只適用於歐洲大陸，對北美特殊環境卻不適用。如果這時他能虛心向身邊的華盛頓請教學習，一定如虎添翼。但

是，他自恃老資格，看不起這位年輕人，華盛頓多次提出的建議他都不理睬。

七月九日，布雷多克帶部隊過河，不幸中了法軍和印第安人的埋伏，被敵人包圍襲擊，士兵一下子像無頭蒼蠅一樣，到處亂竄。華盛頓根據經驗，建議把部隊疏散到附近叢林裏，分成小組應戰。布雷多克卻堅持要用他在歐洲作戰的正規戰術隊列推進。這樣一來，英軍整個隊伍就暴露在敵人眼皮下，被敵人在四周像打**靶子**[①]一樣，一個瞄一個準。後來有的士兵也覺得這樣等於白送死，便不顧命令，跑進叢林裏。

布雷多克大罵他們是怕死鬼，他一意孤行，命令士兵繼續前進，他甚至遷怒於華盛頓，説是他的鬼主意擾亂了軍心，回去要懲罰華盛頓。

結果這一仗英軍被打得落花流水，差點全軍覆沒。布雷多克將軍也受了傷，因傷勢過重死在軍中。華盛頓兩匹戰馬被打死，四顆子彈擦破他的上衣，但他仍奮不顧身，率領殘部且戰且退，突圍出來。

英軍慘敗的消息，引起當地人們的驚慌。他們怕法軍繼續入侵，紛紛組織起來自衛。弗吉尼亞民團要求華

[①] **靶子**：練習射擊的目標。

盛頓回來當總指揮。議會還投票決定撥款補償弗吉尼亞
連隊上次戰鬥的損失。

　　華盛頓擔任民團總指揮後，首先要修改民兵法。公
布對不服從領導的人員、嘩變分子和逃跑士兵要分別處
分；軍官尤其要帶頭遵守紀律；部隊在必要時，可以徵
用私人財物等。他要求自己的部隊不但要學習正規軍的
作戰法，也要學習印第安人的叢林戰。還在各地修築據
點碉堡以便加強聯繫和補充給養。

　　華盛頓在失敗和屈辱中總結經驗教訓，威信越來越
高，這引起總督丁威迪的妒忌，他背地裏向議會詆譭華
盛頓，說他「狂妄」，唆使報紙對華盛頓和民團大肆攻
擊。華盛頓想不到這位他一向尊敬的總督大人原來是這
樣氣量狹窄，但也無可奈何。由於總督的消極，華盛頓
的一些措施得不到落實貫徹，加上他的情緒憂鬱，影響
了身體，帶病工作幾個月後，終於忍
痛離開西部邊境，回到老家弗農山
莊。

　　一年後，形勢又有了新的變化。
丁威迪總督卸職返回英國，華盛頓的
朋友布萊爾代理了他的總督職務。英
國政府在威廉·皮特的主持下，決定

知識門

威廉·皮特
（1708-1778）：
英國政治家，1756 至
1761 年間領導英國外
交和軍事工作。1766
至 1768 年任內閣首
相。

在美洲展開大規模的對法戰爭，命令福布斯將軍率兵收復迪凱納堡。

收復迪凱納堡這也正是華盛頓多年的心願，於是他率領他指揮的兩個民團，共二千多人參加了攻打迪凱納堡的戰鬥。福布斯將軍很重視華盛頓這個叢林作戰的行家，特別把他提拔為準將，並且讓他率領先頭部隊進攻迪凱納堡。華盛頓果然不負眾望，這次大獲全勝。

英國和法國為了爭奪殖民地，打了七年仗，終於英國取得了勝利。但經過七年戰爭，英國國庫空虛了，統治集團不但不感謝在這場戰爭中為他們作出犧牲的北美殖民人民，為了舒緩經濟危機，反而推行「糖稅法」、「印花稅法」等苛捐雜稅，變本加厲地壓榨他們。英國政府還頒布一系列法令，剝奪了殖民地人民的自由，比如規定殖民地的人民不准在北美阿巴拉契亞山脈以西購買土地和定居等，這終於激起了殖民地人民的反抗。

「困苦堡」之戰後，英國政府把這次戰鬥的失敗歸咎於正規軍和殖民地軍隊之間的指揮不協調，將矛頭直指殖民地軍隊，並進而錯誤地作出決

知識門

糖稅法、印花稅法：

前者是對食糖和糖漿等徵收關稅。後者是規定凡北美殖民地出版的一切報刊、廣告、曆書、契約、法律文件等都必須貼上面值為半便士到二十先令的印花稅票才生效。

定：以後，殖民地的部隊分解成連隊，取消尉以上的軍銜，各連只由正規軍的上尉指揮。也就是説，在殖民軍部隊裏，不再有高於上尉的軍官。這明顯是對殖民地人民的歧視。這以後，英政府又發布了幾條規定：英軍在北美的軍官，地位一定高於北美地方政府委任的軍官；殖民地部隊的將、校級軍官如果和英軍軍官在一起服役時，殖民地的將、校軍官就不予承認……

華盛頓一向把英國當作祖國，並為之努力奮戰，以自己是個英國人的後裔引以為榮。但是在英國當局眼中，華盛頓這個土生土長的軍官始終是不可信任的小人物，把他置於低人一等的地位。任中校副總指揮時，薪酬比同級的英軍少許多；英軍一個獨立連長才是上尉，卻可以不聽他這個上校的指揮……

華盛頓對英國政府徹底失望了。從此，他的思想逐漸走向反英的道路。

英國政府想不到，其實他們是在有意無意地培養自己的掘墓人。一把掛在英王喬治三世頭上的寶劍正在磨利之中。

一七六五年五月二十九日，弗吉尼亞召開會議，公開對抗英國政府的「印花稅」。他們宣布，只有弗吉尼亞議會才有權向本地人徵稅！在紐約，憤怒的百姓衝進

英國稅官的家，燒毀了印花稅票；在波士頓，羣眾遊行示威，搗毀了稅務大樓，逼使稅務局長下台……各地紛紛組織羣眾社團，高呼口號：「要自由，不要印花稅！」「寧穿土布，不失自由！」這年十月，北美九個殖民地代表在紐約集會，通過了《殖民地人民的權利及其不滿原因的宣言》。

　　隱退在弗農山莊的華盛頓和他的妻子馬撒密切注視着事態的發展。

　　華盛頓有一位學識淵博的朋友，名叫梅森。他們兩人經常就時局問題開展討論。華盛頓認為：「為了保衛與我們生命息息相關的寶貴的自由，我們每一個人都應該毫不猶豫地拿起武器……看來，抵制他們的商品和製成品，可能會喚醒或提醒他們重視我們的權益，這可以試一試……」

　　梅森同意他的這個看法，成立一個「抵制英國商品聯合會」，起草一份協議，要求協會成員保證不進口需要納稅的任何英國商品。協議拿到弗吉尼亞議會討論，得到一致通過。

　　華盛頓帶頭執行這個協議，從此，弗農山莊再也看

不見英國產品，他還通知倫敦的代理商，不再進出這類商品。妻子馬撒也積極響應，戒掉喝英國茶葉的習慣，改喝本地咖啡；不穿漂亮的英國花布，改穿本地粗劣的土布。

英王喬治三世聞訊大怒，下達五項「不可容忍法令」，內容包括封閉波士頓港、撤銷馬薩諸塞自治、取消殖民地的司法權等等。五項法令更激起殖民地人民的反抗，紐約、**費城**等地的人民倡議，召開北美各殖民地的聯合議會，共商對策。華盛頓出席了這次議會。議會召開期間，英王派人來宣布，解散議會。這更激起議員們的憤怒，他們轉移到一間旅社，繼續把會議開完，並作出維護殖民地利益的決議。

華盛頓的反英行動使他的親人朋友感到不安，他們都希望華盛頓不要捲進這危險的行動。華盛頓義正詞嚴地表示：「……難道要我們苦苦乞憐，或者坐以待斃，成為他們砧板上的肉？」

華盛頓積極投入運動，被推選為議會主席，八月一

知識門

費城：
美國賓夕法尼亞州東南部的一個著名歷史古城。靠近紐約、新澤西。

大陸會議：
十八世紀英屬北美十三個殖民地為反抗英國殖民統治而召開的人民代表會議。是美國獨立戰爭期間的領導機構。

日，參加弗吉尼亞全體代表大會。在這次代表大會上，他成為前往費城參加**大陸會議**的七個代表之一。

北美的反英浪潮，把華盛頓推上了歷史發展的大舞台。

想一想

1. 老將軍布雷多克遠征慘敗，原因在哪裏？對你有什麼啟發？
2. 華盛頓為什麼會反英？這個行動在他的一生中有什麼意義？

七 大陸軍的總司令

一七七四年九月五日，為期五十一天的大陸會議在費城開幕。弗吉尼亞的代表在會上表現得最為出色，他們都明確表示了自己的態度，認為應該訴諸武力。尤其是華盛頓，他在會上擺事實講道理，贏得代表陣陣掌聲。大家同意了弗吉尼亞代表的觀點。會議通過了《殖民地權利宣言》。

大陸會議後，各殖民地開始了武裝鬥爭的準備工作。因為華盛頓曾經在部隊擔任過軍官，還指揮過幾次戰爭，弗吉尼亞人民強烈要求他出來擔任總指揮，許多地方的民團也要邀請他去指導訓練。

北美殖民地人民的反英行動引起了英國政府的恐慌和震怒。喬治三世聽到這消息，又氣又急，大聲吼道：「必須用戰爭來決定他們是隸屬我這個國家還是獨立！」他授權給馬薩諸塞總督蓋奇，「用武力維持地方的統治！」隨後他馬上給波士頓增兵四千人。

蓋奇有恃無恐，派史密斯中校率兵八百，對距離波士頓二十公里的康科德發動襲擊。憤怒的康科德人民早

有防備，他們預先埋伏在英軍的必經路上，待敵人進入圈子，山上的槍彈便「呼呼嘭嘭」射了下來。這一仗，打得英軍大敗而逃，連史密斯的腿也負了重傷，如果不是援軍趕到，他便成了康科德民團的俘虜。

康科德的勝利，大大鼓舞了殖民地人民的鬥志。他們紛紛拿起武器，驅逐英國軍隊。在這形勢下，第二屆大陸會議於一七七五年五月十日又在費城召開。

妻子馬撒依依不捨地送華盛頓到費城參加會議，她還以為像以往一樣，華盛頓頂多一個禮拜就回來了。她不知道，這次竟是一次悠悠數載的分別。就是華盛頓自己也料想不到，他從此會告別他的弗農山莊，走上專職的政治家道路。

第二屆大陸會議展開了熱烈的辯論，華盛頓在大會上歷數英國政府對殖民地人民壓迫的罪狀，據理力爭宣傳自己的觀點。鑒於當前的緊急形勢，會議最後同意匯合各地民團成立北美大陸軍，共同對付英帝國主義，大家一致推舉華盛頓為總司令。

如果說，土地測量員是華盛頓獨立生活的開始，擔任弗吉尼亞民團的指揮官是他軍事生涯的開端，那麼，擔任大陸軍總司令便是他走向成為一位舉世無雙的偉人和民族英雄的第一步。從此「華盛頓」三個字便和美利

55

堅合眾國的名字連在一起了。

六月二十日，華盛頓從大陸會議主席漢考克手中接過委任狀，便出發到波士頓。波士頓是英王安插在殖民地人民心中的一顆釘子，非拔掉不可。大陸會議的全體官員和費城千萬老百姓為這新任的總司令送行。

大陸軍全體官兵滿懷希望迎接這位新任的總司令。可是華盛頓一檢閱部隊，便倒抽了一口涼氣！

原來所謂大陸軍都是由各地抽調來的民團士兵，和華盛頓當年指揮的弗吉尼亞民團一樣，都是些未經訓練的烏合之眾。人數不過一萬五千人，每人只有九發子彈！他們缺少衣服和鞋子，就算是當官的也只不過多了一頂破帽子。營房周圍連廁所也沒有，官兵隨地大小便，到處臭氣熏天……

華盛頓給他的朋友去信說：

「……到營地去走一走，是很有趣的。營房的面貌形形色色，正像營房主人的服裝一樣……有的帳篷是用帆布搭起的，有的一半是木板一半是帆布，還有一些是用石頭、泥土和樹枝搭起的，他們甚至還裝飾上鮮花，真令人哭笑不得……我一想到部隊的情況便不寒而慄[1]……彈藥

---

① **不寒而慄**：不冷而發抖，形容非常害怕。

庫存幾乎等於零，士兵子彈盒裏的子彈就是軍隊全部的子彈！」

　　沒辦法，眼前就是這麼個爛攤子了。華盛頓只好死馬當活馬騎，他首先對部隊進行整頓。他把三個貪生怕死的軍官撤掉，懲罰一些污辱婦女不守紀律的士兵，使他們知道這是部隊，部隊有部隊的紀律。接着，他向大陸會議反映部隊的困難，迅速給士兵配備了一萬套獵裝，統一了部隊的形象；他特別注意來自四個殖民地的民團的團結，讓他們打破地域觀念，團結如一人。這一切都取得成效後，他便集中力量修工事，加強防線工作。

　　經過了一年的充分準備，轉眼到了第二年的春天。這年春天，波士頓的天氣一反常態，冰凍三尺，波士頓港真可以用冰天雪地來形容。華盛頓認為這是收復波士頓的最好機會：「哈哈，老天也來幫助我們了。」

　　由於冰雪封港，英軍的軍艦進不來，而大陸軍卻可以從冰上跑步進入波士頓。而且這時守備波士頓的英軍只有五千人。但是萬事俱備只欠東風，那就是大陸軍的武裝問題一直未得到解決。華盛頓十分焦急，因為時間不等人，一定要抓住戰機！他一方面向議會反映，一方面多方籌措。他給他的朋友諾克斯寫信，訴説自己正在為彈藥不足而發愁。書商出身的諾克斯雪中送炭，從香

普蘭邊疆長途跋涉運來了五十多門大砲和一些必要的軍用物資。這下子「東風」也有了！華盛頓知道諾克斯有砲兵的才幹，便促請大陸會議任命他為砲兵團團長。

　　一七七六年二月二十七日，華盛頓命令部隊佔領多徹斯特高地，以控制波士頓整個市區。

　　為了轉移英軍注意力，華盛頓先命令部隊裝作直接攻打波士頓的樣子，讓諾克斯的砲兵向港口的英軍艦猛烈開火。英軍猝不及防，連忙調兵遣將來應付。華盛頓看着敵人上當了，立刻派托馬斯將軍藉着砲火的掩護，率領二千官兵悄悄逼近多徹斯特高地。這時天色已晚，到達高地的士兵顧不上吃飯休息，冒着嚴寒，連夜搶修工事。第二天天剛亮，英軍士兵起床時，突然發現，面前的多徹斯特高地一夜之間突然聳立起了座座碉堡，他們以為是神創造的奇跡，簡直不敢相信自己的眼睛！他們知道，自己置於大陸軍的砲火之下是多麼危險的境地！然而，還沒等他們決定是堅守還是撤退時，一場搶佔多徹斯特高地的戰鬥已經打響了！

　　英軍守將霍威將軍卻有恃無恐，不斷給他的士兵打氣：「大家不要怕，華盛頓的軍隊都是些土包子，我們有的是軍艦和大砲！你們先給我頂住！」他借水上優勢，命令珀西勳爵率領二千五百名士兵，從水路東面進

攻多徹斯特。

　　華盛頓聞訊，急忙相應地給托馬斯將軍這邊增加二千人馬，又命普特南將軍率四千精兵攻打波士頓北面，以分散英軍兵力。他給將士們進行戰鬥動員：「弟兄們，大家一定不會忘記三月五日是波士頓慘案六週年，大家必須打贏這一仗，為死難同胞報仇！」

　　戰士們被鼓動起來了，他們義憤填膺，振臂高呼：「以牙還牙，為死難同胞報仇！」

　　三月五日傍晚，珀西勳爵率兵二千五百人，登上艦艇，開始進攻多徹斯特。一場激戰眼看就要發生了！

　　可是，就在這時，海上風暴突起，英軍的軍艦根本無法靠岸，他們

在海上顛簸了一天一夜，士兵暈船，又嘔又吐，很是難熬。珀西仍不死心，下令堅持下去。可是一直到第二天軍艦仍然無法登陸，這才無奈返航。而在美軍這邊，已贏得了時間加固工事，並且開始向波士頓發起攻擊。英軍首尾難顧，慌作一團，節節敗退，不到兩天便潰不成軍，最後只好宣布投降。

　　三月十八日，華盛頓帶領大部隊進城。城裏老百姓扶老攜幼出來迎接這位英名遠播的大將軍，並且鑄造了印有華盛頓頭像的金質徽章，以示紀念。

　　波士頓之戰大大長了北美殖民地人民的志氣，滅了大英帝國的威風。大陸會議經過幾天激烈的辯論，在一七七六年七月四日，通過了由托馬斯·傑斐遜起草的《獨立宣言》，向全世界宣布：偉大的美利堅合眾國誕生了！

　　華盛頓當天晚上立即激動地向全體官兵宣讀《獨立宣言》，他即席向廣大官兵發表講話：「……我希望，這偉大的事件能更加激勵每個官兵為之英勇戰鬥……現在祖國的和平與安全已完全有賴於我們作戰的勝利了！」

　　被勝利和喜悅激勵着的士兵和老百姓當場把廣場上的喬治三世銅像推倒，砸碎，鑄成子彈，表達他們與英帝國血戰到底的決心。

　　《獨立宣言》的發表，大大激怒了喬治三世，他命令霍威將軍再次進攻紐約，企圖把「美國」這個初生嬰兒扼殺在襁褓之中。

想一想

1. 華盛頓是在怎樣困難的情況下訓練大陸軍的？

2. 華盛頓在波士頓之戰中，是如何鼓舞士氣，最後奪取勝利？

八 兵敗紐約

　　一七七六年的七月底八月初，英國派遣他的部隊及
其僱傭軍三萬人，還有一支強大艦隊進攻紐約。此時，
華盛頓在紐約的兵力只有二萬人，而且大多數都是新
兵，還有五千人正在患痢疾。要抵抗下去，這無疑是拿
雞蛋碰石頭。但是，華盛頓此時雄心勃勃，他認為，大
陸軍剛剛成立，士氣宜鼓不宜洩，他決心要與實力大大
超過自己的英軍較量一番。

　　華盛頓一邊下部隊演講，鼓勵兵士；一邊疏散紐約
的市民，避免戰爭給他們造成危害，然後進入戰爭備戰的
實際工作。除了加強防禦工事外，還特別注意搜集情報，
根據各方面的判斷，他把部隊一半駐紮在紐約，一半由老
將軍普特南帶領，據守在長島中部的布魯克林高地。

　　八月二十六日，英軍霍威將軍指揮他的部陣從左中
右三個方面向長島發起進攻。由於敵我懸殊，美軍傷亡
慘重。華盛頓接到情況緊急的報告，從紐約趕到長島。
看見自己的部隊雖奮力抵禦，但大勢已去，心裏很是焦
急。幸虧這時天色已晚，英軍不敢再前進一步。夜裏，

他睡不着覺，一個人起來在陣地上走來走去，知道再這樣下去，必然會全軍覆沒，於是下令撤退。

撤退也不容易。因為這時長島大部分已經在英軍手中，退出長島還要渡過水流湍急的東河。華盛頓為了能秘密地撤退，一邊頻頻調兵遣將，放出了「夜襲英軍」的假情報迷惑敵人，另外命令立刻徵用船隻，準備連夜渡江。英軍由於剛剛登上長島，情況不明，又聽說美軍要來襲擊，也忙着集中兵力，準備對付美軍。

深夜，北風淒厲。英軍正在全力以赴，迎接即將到來的戰鬥；而美軍這邊則小心翼翼地撤退。眼看天快亮了，華盛頓心急如焚，派他的副官回頭催促部隊加緊行動。誰知忙中有錯，副官把留在後面的掩護部隊也撤了下來。華盛頓見了，大吃一驚，連忙命令掩護部隊回去，待掩護部隊回到前沿陣地，這防線已經虛設了一個鐘頭！幸虧大霧掩護，英軍沒有發現這個秘密，否則，後果真不堪設想。直到天亮了，華盛頓才最後一個上船撤離長島。

美軍一夜之間神秘地撤離長島，這是霍威將軍料想不到的。待他一覺醒來，看見對面陣地空無一人時，這才大呼上當！

美軍雖然平安撤離回到紐約，但是，長島的失守

使紐約失去了屏障，整個市區暴露在英軍的火力射程之下，市民們憂心忡忡。另外，長島的慘敗給士兵心裏留下很大的陰影。幾天之內，美軍有四千多人私自逃走了，剩下人數不足二萬。

敵強我弱，為了保全軍隊力量，華盛頓決定撤出紐約。

霍威將軍有了長島的教訓，知道這次華盛頓確實是要撤退了。英軍於是一直咬在美軍背後，窮追猛打，追到新澤西州，殲滅美軍三百人。幸虧天下起大雨，英軍才停止了追趕。為了防止英軍再追到大陸會議的所在地費城，華盛頓不得不作抵抗性的布防：普特南將軍留守新澤西，對付追擊的英軍；斯凱勒將軍扼守哈得孫河峽谷通道；查爾斯·李將軍作機動部隊，隨時聽候調動。

果然，英軍軍艦沿哈得孫河溯江而上，直指華盛頓堡，華盛頓命令駐紮在該堡的格林將軍馬上撤退。格林將軍自恃老資格，不同意華盛頓的分析，認為他不至於陷入危險境地，反而繼續往華盛頓堡增兵，他要乘華盛頓節節敗退的情況下露兩手給議會看看。很快，原來只能容納一千人的華盛頓堡現在擠上了三千人，狹窄的工事容不下來，大部分士兵只好駐紮在工事之外。

霍威將軍兵分四路攻打華盛頓堡，在英軍猛烈的砲

火下，格林將軍的部隊無法抵擋，被敵人追到距離工事一百米的地方，最後只好扯白旗投降。華盛頓知道這個不幸消息，痛心地流下了眼淚。

就這樣，這支新建立的大陸軍，在強大的英軍面前節節敗退。而在隊伍內部呢，除了那不聽調遣的格林將軍外，還有大陸軍副總司令李將軍以不正當手段拉幫結派，削弱華盛頓的力量，希望達到自己取代華盛頓、擔任總司令的目的。華盛頓處於腹背受敵、進退兩難之中。怎麼辦？正所謂滄海橫流方顯英雄本色，華盛頓勝不驕，敗不餒，面對別人的責難，他默默忍受住了；面對節節敗退的敗局，他冷靜、沉着，不屈不撓，時刻窺探時機，準備東山再起。他說：「儘管形勢對於我們一時還很不利，我相信我們的事業是正義的，正義的事業最後一定會勝利。」

這時，英軍大部隊分散駐守在特拉華河到不倫瑞克山各個地方，控制着大片地盤，監視着河對岸華盛頓部隊的動向。他們一路以來所向披靡、攻無不克，逐漸產生了輕敵情緒。一些上層軍官也認為華盛頓這些土包子不堪一擊，英政府讓他們這些正規部隊和這些雜牌軍對火，是殺雞用牛刀，大材小用。先頭部隊的將領甚至要回國休假。

　　華盛頓敏銳地看到這一點，他分析，敵人由於前段時間節節勝利，佔領了很多地方，這是他們引以為榮的地方，但也正是他們的致命弱點。因為勝利，會滋長驕傲和輕敵情緒；因為佔領地方太多，造成他們戰線太長，兵力分散。華盛頓眼看時機已到，便決定反擊。他瞄準守軍薄弱的特倫頓，準備集中兵力從這兒打開一個缺口，打一個勝仗，鼓舞士氣。他把時間安排在聖誕節，乘敵人過節鬆懈時，兵分二路發起攻擊。

　　十二月二十五日天黑時候，華盛頓親自帶領二千多人和二十門小鋼砲來到河邊。他鼓勵士兵們説：「我們這次真的是**背水一戰**①，因為我們不管是人力還是武器都比敵人少得多，但是，我們是乘敵不備，所以取勝的把握很大。我有這個信心，你們有沒有？」士兵們見最高領導都和他們上船了，頓時勇氣大增，異口同聲回答：「我們有信心！我們決不後退！」

　　這天夜裏，狂風怒號，大雪紛飛，士兵們個個冷得牙齒打戰。華盛頓又加緊鼓舞大家：「弟兄們，這麼冷的天氣，敵人一定都躲進了帳篷裏，他們想不到我們會在這時出擊的！」因為天氣惡劣，原定午夜前全部渡

---

① **背水一戰**：比喻冒死一戰，死裏求生。

江的，一直到凌晨才結束。眼看天快亮了，這裏距離目標特倫頓還有十哩。如果是平時，急行軍也還可以趕上。但是，下了一夜大雪，厚厚的積雪，使他們寸步難行。這時擺在他們面前只有兩條路：一是渡江回去，明天再來；二是繼續前進，按原計劃行事。華盛頓選擇了後者。天氣更加冷了，兩名士兵被凍死，一些槍支彈藥因為受潮也無法使用了。華盛頓問士兵：「怎麼辦？」士兵們回答：「只要總司令下令，我們就是拚了命也不怕！」華盛頓被士兵的決心感動得熱淚盈眶：多好的士兵啊！

第二天早上八點鐘，他們終於來到了特倫頓。華盛頓長期憋在肚子裏的氣，終於找到了發洩的地方。他身先士卒帶領士兵衝進陣地，揮動刀槍，英勇殺敵。他的衞兵多次勸阻他，要他注意安全，他也不管，高舉指揮刀，大聲叫道：「弟兄們，這是我們國家的光榮日子！衝呀——」

還在熟睡的英軍從夢中驚醒，匆匆上陣應戰，卻被打得落花流水，守軍將領也被擊斃了。英軍剛佔領不久的特倫頓又給華盛頓奪取回來了。

特倫頓之戰的勝利，打破了英軍所向披靡的神話，大大鼓舞了美軍的鬥志。也證明了華盛頓忍辱負重的退

卻戰略和集中兵力逐個擊破的作戰方針是正確的。

華盛頓又乘勝追擊，一舉收復了新澤西。

1. 華盛頓用了什麼方法，令美軍安全撤離長島？

2. 在佔領特倫頓的戰鬥中，華盛頓如何身先士卒，頑強作戰？

九 身邊的暗箭

　　華盛頓節節勝利，引起英軍的恐慌。他們不敢再小看這支「土包子」部隊。一七七七年六月十六日，英軍將領柏高英率領八千英軍和德國僱傭兵，從加拿大的聖約翰南下，與霍威將軍在阿爾巴尼會師，準備聯合對付華盛頓。

　　華盛頓立刻作出對策：他派出一支精銳部隊增援駐守在北方的斯凱勒將軍，同時給他提供了十門大砲、許多彈藥和六百名新兵。但是，敵我雙方力量相差太大，英軍還是很快佔領了北美的門戶提康德羅，不久又佔領了哈巴頓。美國人民一片驚慌。英軍也洋洋得意，揚言美國人再抵抗，只會使他們的投降條件更加苛刻。

　　情況雖對美軍不利，但華盛頓冷靜分析形勢，英軍之所以能長驅直入，是因為他們的部隊和輜重可以乘船沿着香普蘭湖水路而下，但是從提康德羅到阿爾巴尼就不同了，他們必須經過一百哩的荒涼原野和叢林。在這漫長的行軍路上，

輜重：
行軍時由運輸部隊攜帶的武器、糧食等物資。

71

英軍一定難以解決他們的給養。而叢林戰鬥正是華盛頓的拿手好戲，因此，華盛頓果斷地向斯凱勒將軍發出誘敵深入的作戰計劃。

果然，英軍將領柏高英中了華盛頓的計。他們的部隊進入叢林後，給養不足，士兵又冷又餓，凍死餓死的不少，還不時受到埋伏在叢林裏面的美國民兵襲擊，日子很不好過。柏高英為了挽救部隊，派五百兵偷襲附近的本寧頓，想奪取給養。但華盛頓早已料到他這一招，在半路上埋伏精兵，把這支英軍收拾了。柏高英強渡哈得孫河，來到「自由人農莊」時，又遭到這裏的美軍和當地民兵的伏擊。這時，他的隊伍已損失了一半。

兩次戰鬥失敗，柏高英又氣又急，親自率領一千五百名精銳官兵和二十門大砲，在米斯農莊附近向美軍發起突襲，企圖搶點糧食救命，藉以安慰軍心。這行動給美軍發現了，阿諾德將軍一馬當先，英勇殺敵，士兵見了，個個奮勇作戰。英軍傷亡慘重，只好向哈得孫河東的撒拉托加撤退。但是老天也不幫他，突然下起飄潑大雨，使原來高低不平的山路更難走了。來到河邊，那橋樑又早給美軍炸毀了，真是前無去路，後有追兵，堅持了三天，絕望之下，柏高英將軍只好宣布投降。

　　撒拉托加大捷使美軍由被動轉為主動，從此，美軍由戰略防禦轉入戰略進攻。以前還在猶豫不決的法國由此看見了美軍的力量，很快便與美國締結了同盟條約。西班牙也跟着法國投入反英鬥爭。丹麥、俄國、瑞典和普魯士等則成立了有利於美國的「武裝中立」同盟。國際形勢大大有利於美國獨立戰爭。

　　華盛頓在前方艱苦奮戰並且節節勝利時，他萬萬想不到後方軍政界一些頭號人物正在醞釀着一場反對他的陰謀。事情還應追溯到費城淪陷直至撒拉托加大捷。原來，在一些人的眼中，華盛頓只是個無能之輩，以往取得的一些勝利，都是僥倖得來。再加上華盛頓極力反對地方主義，堅持美利堅合眾國的統一，也得罪了地方一些搞分裂的人物。費城陷落和長島之戰後，華盛頓的威信一時低落。反對派以為時機已到，便裏應外合，掀起了這場反對華盛頓的風波，企圖乘機罷免華盛頓的總司令職務。如果説一向令他討厭的康韋反對他，還情有可原，想不到的是，帶頭反對他的竟還有他的好友米夫林和蓋茨！

　　康韋自稱是普魯士腓特烈大帝手下有作戰經驗的軍官，曾多次要求華盛頓封他當個少將。可是，華盛頓在長期作戰中，看出他並沒有什麼才能，沒有答應他的

無理要求，康韋因此懷恨在心。米夫林呢，原是華盛頓最早的四大顧問之一。華盛頓信任他，讓他當大陸軍軍需部長，但他認為自己是個老前輩，現在才當這個軍需官，是大材小用，也對華盛頓心懷怨恨。蓋茨想到戰爭初期華盛頓還求教於他，現在卻在華盛頓之下，心裏很不平衡。這三人在不同的私利驅動下，聯合起來攻擊華盛頓。

康韋、米夫林和蓋茨三人聯合打了份小報告，他們把這份黑材料讓蓋茨的副官威爾金森連夜送去大陸會議。不料，威爾金森是個不折不扣的酒鬼，中途酒後失言，把這機密大事暴露了。消息傳到華盛頓耳裏，華盛頓又是氣憤又是痛心，想不到他在前方浴血奮戰，有人卻在後方向他插刀子！他給康韋寫了一封信，表達了國難當頭，大家應該團結對敵的意思。康韋接到信，不思悔改，反而通報米夫林。詭計多端的米夫林眉頭一皺，計上心來，他立刻派人把《兩項建議》送到大陸會議。《兩項建議》的內容是：

一，建議成立軍事委員會，代替大陸會議處理部隊給養；

二，在部隊中設立一名檢察長，促進部隊的正規化。

這兩項建議原來就是華盛頓的設想，只不過米夫林

在這裏加入有利自己的建議——由他自己和蓋茨負責這個委員會，而讓康韋擔任檢察長。

因為這兩項建議本來就是華盛頓的意思，所以不明真相的大陸會議很快就通過了。這樣一來，康韋、蓋茨和米夫林搖身一變，成了華盛頓的頂頭上司。變成太上皇的康韋得意忘形，給華盛頓寫信：

「……我不想把我自己打扮成一個常勝將軍，但是，一名水手對他的船的了解是遠遠勝過一個沒出過大海的將軍的。」

反對派的陰謀活動很快引起大家的憤怒。

華盛頓的朋友克雷克醫生寫信來揭發：

「有人告訴我，在新成立的軍事委員會和大陸會議裏，正在形成一個反對你的派別……他們在人們面前抬高蓋茨將軍，同時散布謠言，說你擁有三四倍於敵人的兵力，卻毫無作為……他們會給你製造嚴重的障礙和困難，逼使你自動離職……」

後來華盛頓又陸續收到大陸會議主席亨利·勞倫斯轉來的幾封匿名信，都是那麼一個意思，什麼「如果讓蓋茨或康韋這樣的將軍指揮，部隊就會成為一支戰無不勝的軍隊」、「美國人民把華盛頓奉作神明，是犯了偶像崇拜的錯誤」等等。

　　華盛頓決定進行反擊。他先向大陸會議主席亨利‧勞倫斯寫了封長信，表示這事他早有所聞，只是為了大局，不想把事情鬧大，現在不得不認真對待了。並且順便把康韋和蓋茨等人攻擊他的信件也附上去。

　　事情一傳開來，軍隊和百姓一片義憤，都發表聲明支持華盛頓。搗鬼者不得人心，成了過街老鼠，人人喊打。康韋發現一些原來和他要好的人不理他了，他想了個詭計，向大陸會議寫了封辭職信。滿以為他剛上任不久，大陸會議一定會挽留他的。如果真是這樣，他就有了本錢：看，我要辭職大陸會議還不讓呢。但是適得其反，大陸會議正為這事頭痛呢：康韋的職務是剛任命的，現在朝野反對，怎麼辦？剛好這時康韋的辭職信來，這正是瞌睡遇上枕頭，求之不得，立刻就同意了康韋的「請求」。康韋想不到弄巧反拙，只好灰溜溜的離開美國，回他的故鄉法國去了。

　　正所謂**樹倒猢猻散**[①]。康韋一走，蓋茨矢口否認自己與康韋的關係；米夫林則到處說他是華盛頓最忠實的朋友。

　　華盛頓感慨萬分，這就是朋友！但為了大局，他巧

[①] **樹倒猢猻散**：猢猻，獼猴的一種。這句話是比喻有權勢者倒台了，依附者也隨着散夥。

妙地應對。他給蓋茨寫信，裝作糊塗：

「我不知道你和康韋將軍有這種關係。」

而對米夫林這怕死鬼開了個不大不小的玩笑，他警告米夫林：我的部下卡德瓦雷德將軍脾氣很暴躁，為此事已經讓康韋挨過拳頭了，如果他去找你，那肯定不會是我的主意。嚇得米夫林幾天不敢出門。

康韋大搞陰謀詭計為自己謀利益，但結果卻適得其反，反而提高了華盛頓的威信，揭露了一些小人的陰暗面孔。

1. 華盛頓是如何以小勝多，擊敗柏高英的精銳部隊？

2. 華盛頓對待反對他的三個人，採取了不同的態度。你對這事有什麼看法？

十 獨立戰爭勝利了

　　這時期，在國際上，美國得到了法國等許多國家的支持；在國內，華盛頓粉碎了康韋集團的陰謀，形勢對華盛頓十分有利。但華盛頓沒有被勝利沖昏頭腦。他告誡人們：千萬不要認為，法國和我們結成同盟軍了，我們就可以高枕無憂，敵人不會甘心失敗，更不要把爭取獨立自由的希望寄托在法國人的身上。

　　華盛頓把自己的部隊拉到伏吉谷整訓，準備迎接更大的戰鬥。

　　果然，在英國，霍威將軍的失敗，引起了全國上下的不滿。英國政府把霍威將軍從美國調回來，讓他的副手亨利・克林頓接替他的職務。克林頓新官上任三把火，雄心勃勃，決心要做一番事業讓大家看看。但是幾個月來的戰爭實踐使他知道，面對日益強大的美軍，死守費城不但無益，而且是相當危險的事。六月十八日黎明，他乘美軍不備突然撤離費城，轉攻紐約。

　　華盛頓讓在撒拉托加之戰受傷的阿諾德將軍留守費城，自己率領大部隊橫渡特拉華河，追擊英軍。另外還

派了一支精悍的小分隊，從側翼騷擾敵人。

　　華盛頓打探到，英軍經過十天急行軍已經來到蒙默思縣，他們再走十二公里便進入一個山區，過了這個山區，再走不遠就到紐約了。華盛頓想到，英軍一路上遭受暴風雪折磨，他們一定已經疲憊不堪了，現在正好趁他們士氣低落時發起進攻。如果再讓他們進入山區，有了山林的掩護，那就難以全殲了。華盛頓決定派李將軍率領部隊追趕，在第二天黎明前向敵人的左翼發起進攻，自己則率領剩下的一半人馬在後面配合，攻打敵人的右翼。

　　第二天一早，前面傳來了隆隆的砲聲。華盛頓知道李將軍發起進攻了，心中大喜，急忙命自己的部隊加速前進。但快到敵人陣地時，忽然槍不響，砲不鳴，死一般的寂靜！華盛頓正要派人前去偵察，忽見李將軍部下一個號手慌張而來，一問，原來李將軍正命令他們撤退呢！問號手為什麼，他只說是奉命撤退，不知道原因。豈有此理！華盛頓十分氣惱，讓自己率領的部隊繼續進攻。又走了一段路，這才看見那李將軍正在和副官們閒聊哩。華盛頓強忍怒氣，問道：「先生，你們這是幹什麼？」李將軍不提防華盛頓這麼快就到來了，一下子說不出話來。華盛頓發怒了，再問一次。李將軍這才

囁嚅着説：「總司令，英軍人多哩，我不能叫弟兄們去送死哪。」啊，原來如此！華盛頓面對這怕死鬼，真恨不得一刀宰了他！但是軍情十萬火急，敵人已經乘勝追來了！盛怒之下的華盛頓忍不住罵了一句：「膽小鬼，等着法庭的宣判吧！」然後立刻集合散亂的部隊，進行反擊。一直打到天黑，雙方才安營紮寨，做飯休息。華盛頓本打算明天一早發起進攻，消滅敵人的，但是，白天被打怕了的敵人竟連夜逃跑了。華盛頓第二天醒來發覺，氣得直跺腳。

軍事法庭審訊李將軍。李將軍狡辯説，他的決策是正確的，要不，他的部隊早給英軍全消滅了。軍事法庭作出公正的裁判，宣布他三條罪狀；一，不服從命令，沒有按照司令部署向敵人發起進攻；二，貪生怕死，臨陣退縮；三，不尊重總司令。結果，李將軍被革職回鄉。

亨利·克林頓退守紐約後，被華盛頓圍困着，心裏很不服氣。總想找機會出口氣。他認為南方效忠英王的勢力較大，於是改變策略，把戰爭的主力轉移到南方，利用他的海軍優勢，派馬休將軍帶領二千多英軍，偷襲切撒皮克灣，佔領了樸茨茅斯等地。他讓尼克普豪森留守紐約後，自己帶兵八千多，南下查爾斯頓港，準備進

一步攻打南卡羅來納。

　　華盛頓吸取當日兵敗華盛頓堡的教訓，警告駐守在南卡羅來納的林肯將軍，千萬不要被困死在查爾斯頓。如果形勢不對，寧可撤退出來。但是林肯不聽華盛頓的忠告，反而調動部隊要與城市共存亡。果然不出華盛頓所料，駐守在城裏的林肯部隊，被克林頓圍困了兩個月之後，彈盡糧絕，五千多美軍不得已舉手向克林頓投降。克林頓旗開得勝，雄心勃勃，他讓部下康華利鎮守南方，他帶兵回頭進攻紐約。

　　查爾斯頓失守，華盛頓的威望再一次受到影響。大陸會議一些人乘機起哄，要撤換華盛頓，改任蓋茨將軍當南方軍隊的司令。

　　一直認為自己懷才不遇的蓋茨，曾經參加康韋陰謀集團反對過華盛頓。現在大權在握躊躇滿志，揮軍南下，決心打幾個勝仗，以證明當初他反對華盛頓是對的。

　　康華利將軍把戰線推進到弗吉尼亞，與蓋茨部隊在卡姆登開戰，蓋茨被打得一敗塗地，美軍傷亡二千多人。大陸會議的人後悔不及，急忙撤了蓋茨的職務，又叫華盛頓收拾殘局。華盛頓向法國表示，要進攻紐約。只要攻下紐約，戰爭便可結束了。七月下旬，華盛頓把

部隊拉到紐約附近，希望法國艦隊快來助戰。可是法國卻表示，他們的艦隊只能駛到切薩皮克灣，而且只能停留到十月中旬。華盛頓沒辦法，只好暫時放棄攻打紐約的計劃，揮師南下弗吉尼亞，解放南方各地。

　　部隊在極其秘密的情況下進行調動。為了蒙蔽英軍，華盛頓一邊加緊修築工事，裝出攻打紐約的樣子；一邊故意洩密，讓英軍的間諜看到關於法國艦隊北上配合美軍攻打斯塔騰島的絕密文件。這事不但蒙蔽了克林頓，甚至英軍一些高級軍官都不知道華盛頓的真正意圖。

　　等到克林頓發覺華盛頓的意圖時，美軍已經抵達特拉華河畔了。克林頓大呼上當，立刻派出那位美軍叛將阿德諾帶領五千兵馬，東征康涅狄格，妄圖牽制華盛頓。阿德諾本來是華盛頓最信賴的愛將，曾經立下無數戰功，可惜他後來沉迷酒色，為了還債不惜挪用公款，結果被撤職。克林頓為了對付華盛頓，就用重金把阿德諾收買了。阿德諾部隊來到康涅狄格，為了激怒華盛頓，盡情燒殺搶掠，但是華盛頓咬牙忍受住了，不為所動，指揮他的部隊堅定不移地南下。

　　到了八月底，法國的軍艦趕到了切薩皮克灣，切斷了英軍的海上退路。英軍為了挽救劣勢，立刻派來海

軍，雙方在切薩皮克灣展開了海戰，結果英國海軍大敗
而逃。美法聯軍開進了費城。不久，華盛頓部隊解放了
在康華利統治下的弗吉尼亞，回到了離別六年的家鄉，
見到了久別多年的妻兒，還有兩個未見過面的孫子。

　　康華利知道大事不好，急忙向克林頓告急。克林頓
答應立刻派兵增援。康華利只好死守約克敦，等待援兵
到來。約克敦在約克河邊，康華利把部隊駐在這裏，是
希望能得到克林頓派來的海軍支援，到時從海上撤退。
華盛頓針鋒相對，把他的部隊拉到約克敦附近駐紮，而
法國海軍也設下了包圍圈，切斷了英軍的水上退路。

　　十月五日，華盛頓看看時機已經成熟，便對約克敦
發起進攻。在法國新式大砲的猛烈砲火下，英軍死傷慘
重，連康華利也不得不逃離司令部，躲進了地道。

　　戰爭繼續了十天，康華利眼看頂不住了，丟下部
隊，自己乘船逃跑。可是，老天爺也不幫他，下船後，
突然起了暴風驟雨，把船打得東倒西歪，差點兒沉沒
了。康華利哀歎：天亡我也。只好把船又開回來。第二
天，他老老實實地寫了投降書。等到克林頓的援兵趕來
時，康華利的部隊早已舉行完了投降儀式。

　　消息傳到英國，諾思首相像胸口被華盛頓的子彈打
中了一樣，痛苦地捂胸哀叫：「上帝啊，完了，一切都

完了！」

　　大陸會議為了表彰華盛頓的豐功偉績，下令在約克敦建立一座紀念碑。

　　約克敦之戰的勝利，標誌着美國六年多的獨立戰爭從此結束。

　　一七八三年四月十一日，華盛頓頒布命令，宣告美利堅合眾國與大不列顛王國實行休戰。

　　1. 華盛頓在六年多的美國獨立戰爭中，從
　　　 勝利到失敗，又從失敗走向勝利。你從
　　　 這個過程中得到什麼啟發？

　　2. 你認為哪個因素是令華盛頓在獨立戰爭
　　　 中取得成功的最重要因素？

十一　功成身退

　　無疑的，華盛頓為美國的獨立立下了豐功偉績，他的威望是無人可以相比的。現在美國獨立了，他的部下一個名叫尼可拉的上校便寫信慫恿他乘機奪取政權，當美國的國王。

　　華盛頓接信後，十分震驚和憤怒。他給尼可拉回信：「……『國王』、『獨裁』這些字眼對我來說簡直是莫大的侮辱！……你大概永遠不會找到一個比我更加討厭這個計劃的人了。如果你尊重你的祖國，尊重你自己和子孫後代，那麼，就不要再向任何人傳播這種可惡的觀點！」

　　華盛頓把美國爭取獨立取得勝利看作是全國人民努力奮鬥的結果，不肯接受政府的獎勵和提拔。在大陸會議決定解散大陸軍之後，華盛頓堅決辭官，回家繼續當他的平民百姓。離開部隊前，他與政府財政官員一起審核了整個戰爭過程中的經濟開支。大家驚奇地發現，這位總司令像他在鄉下當莊園主一樣，每一筆賬目都記得清清楚楚的，還注明了日期和用途。他的那些賬本，被

人們稱為「為官清廉的證據、對貪官污吏的鞭撻」。

　　一七八三年聖誕節前的夜晚，華盛頓終於結束了軍旅生涯回到弗農山莊，重新過起他那普通農民的生活。

　　一七八七年，華盛頓被選為弗吉尼亞州的人民代表，出席在費城舉行的全國代表會議。費城軍民以極其隆重的儀式，歡迎這位隱退了四年的開國功臣。華盛頓在會上見到了許多多年未見的戰友，還有他自小崇拜的德高望重的富蘭克林老先生。大家一致推舉華盛頓當會議主席，富蘭克林為副主席，威廉·傑克為秘書長。

　　會議代表認為，建國以來，有些事情已經到了「非做不可」的時候，「如果不採取及時的措施」，那麼這個新生的國家「將會發生混亂的局面」。指出費城會議的根本任務是「建立一個在世界上既無先例可循，也無先例可違的全新的政府」。但是，要建立這麼一個政府，勢必會削弱各個州的權力，因此引起很大的爭議。

　　華盛頓把成立政府看作和他當年南征北討爭取美國獨立一樣，是全國人民的奮鬥願望，所以願意為此奔走呼號。他從大局出發，以他的人格魅力，說服了各地的代表，最後達成了協議。但是在代表一致要他當總統時，他猶豫了。

　　老實說，經過多年艱苦的戰場生活，他疲倦了，很

想過一下安靜的田園生活，更重要的是，他覺得這副擔子實在太重了。因此他堅決推辭。但是，代表們都表示了這樣一個強烈的願望：除了他，誰也沒資格當這個總統！

一七八九年二月四日，選舉團根據全國人民的願望，選舉了華盛頓為美國的第一任總統。華盛頓無可奈何，只好走馬上任。他跟他的朋友説：「總統的職位並沒有使我着迷，就我現在日益年老的情況下，老實説，我只想做一個普通的人，在自己的農莊裏度過平淡的一生……這項任命比我從前任何任命更令我不安，但是，我現在無可推辭了，我只好盡力而為，做好工作。更希望能早日得到解脱，重新回到我那寧靜的莊園，享受天倫之樂……」

華盛頓在紐約，就住在他當年的大陸軍司令部對面的房子。他的就職演説是全世界最短的演説：「我謹莊嚴宣誓：我將忠誠執行合眾國總統職務，我將竭盡所能，堅守、維護和保衛合眾國的憲法。」

華盛頓開始了他前所未有的艱苦工作。先是建立了國務卿辦公室，接着建立陸軍部和財政部。他自覺地接

知識門

國務卿：

美國國務院的負責人，主管外交，相當於外交部長。有權在總統發布的某些文告上副署。

89

受羣眾監督，在憲法中定下了人民對總統的**彈劾**[1]權利。自己則帶頭不「走後門」。有一次，他的一位老朋友來信，要求給她的丈夫在政府安排一官半職。華盛頓婉言拒絕：「夫人，我要請您原諒，無論如何，除了集體利益之外，我沒有別的選擇。……我必須摒棄我個人的好惡來決定集體的事情……要經過對一個人的品格和具體能力作出公正的考察，然後再推薦到一個適合的工作部門去……」

就算對他的姪子，他也斷然拒絕：「你必須知道，千百雙眼睛在看着我，為親朋安排特別待遇的過失是無法遮掩過去的。」

然而，他的這個總統當得並不輕鬆。當時的聯邦政府給他留下一個負債纍纍的爛攤子，政府內外欠債高達七千五百萬美元，幾乎使華盛頓這個剛剛建立起來的第一屆政府瀕臨瓦解的邊緣。華盛頓把希望寄托於他的國務卿傑斐遜和財政部長漢密爾頓兩人身上。

漢密爾頓還在大陸軍時便是華盛頓的隨從參謀，他精明能幹，辦事乾淨俐落，很得華盛頓的賞識。傑斐遜是華盛頓的同鄉，獨立戰爭時期，華盛頓當大陸軍總司

---

[1] **彈劾**：抨擊政府官吏，揭發其罪狀。

令時，他是華盛頓家鄉弗吉尼亞州的州長。他是個學識淵博的哲學家，是著名的美國《獨立宣言》的起草人之一。他們兩人都是華盛頓的好朋友，都是公認的傑出人才。可是由於他們兩人的見解不同，處事方法不同，因而矛盾很大，常常利用自己屬下的報刊互相攻擊，最後發展成兩大黨派。

內閣不和，這給華盛頓留下無窮無盡的苦惱，甚至已經有新聞媒體對他進行含沙射影的人身攻擊，説他像提比留一樣虛偽。華盛頓力求自己保持中立。他討厭這些黨派之爭，總希望大家在國家利益的大前提下，求大同存小異，秉公辦事。他説：「我們流了許多血，犧牲了很多財富才得到今天的獨立和自由，如果我們想鞏固下去，就必須拋棄地方主義和小團體的利益。」

艱難的三年過去了。華盛頓從無到有建立起來的這個內閣，做了大量工作，各項工作已經走上正軌，眼看任期已到，華盛頓便提出要辭職。當初他離開弗農山莊重上政壇，為的是幫助這由他親手打下的江山建立政權走上正軌，現在目的已經達到，他認為自己也是退位的

知識門

哲學家：
哲學是關於世界觀的學問，是人們對自然知識和社會知識的概括和總結。哲學家是研究這方面的專家。

提比留：
古羅馬帝國皇帝，以虛偽著稱。

時候了。

可是傑斐遜和漢密爾頓雙方都不同意他卸任。傑斐遜說：「全聯邦的信任都集中在您一個人的身上，只有您在，才無人敢起來鬧分裂或暴動，國家才能保持獨立和統一……因此，我衷心希望，您在為人類作出了許多犧牲後，再犧牲一兩個年頭……」漢密爾頓也表示：「……美國不能沒有您，您將離任，顯然是祖國最大的不幸……」另一位內閣成員說得更明白：「……目前內閣的情況顯示，其實，您的初衷並未達到。如果您現在離任，必然引起國內動蕩不安。一旦發生動亂，您也無法安坐家中。與其到時荷槍實彈去鎮壓，不如現在勉為其難地再堅持兩年。」連普通市民也給他來信：「您的離職，將是國家的一場災難，會影響數百萬人民的安寧。」「我們只有一個呼聲，那就是華盛頓必須再幹下去……」看來，為了大局，華盛頓別無選擇。選舉團再次一致通過他連任美國第二屆總統。

就在華盛頓就任第二任總統不久，傳來了法國對英國宣戰的消息。

英國一直敵視美國，甚至拒絕與美國建立外交關係。到現在為止，還以償還戰前拖欠債務為名，不肯從俄亥俄撤軍。法國在美國獨立戰爭時期，就是美國忠實

的盟友，現在也保持着友好關係。很明顯，按一般理解，美國應該支持法國。華盛頓卻保持了清醒的頭腦，他知道在自己的內閣中，傑斐遜是親法派，漢密爾頓是親英派，自己不管支持哪一派，都只能引起內閣的不安。更重要的是，美國沒有海軍，而英國佔有明顯的海上優勢。如果美國支持法國，不但對法國無補於事，反倒會惹來英國對美國的攻擊，給剛成立不久的美國帶來戰爭災難。華盛頓表示了中立的態度：美國不能過分信賴和依靠任何國家，不能捲入歐洲各集團的糾紛。

華盛頓的中立外交政策，在當時國內和國外引起很大的爭議和矛盾。但是後來的事實證明，他是正確的。這是華盛頓在第二任期間的重要貢獻。

一七九七年，華盛頓任期又到了。這次他看到由他締造的國家基本走上了正軌，他的外交政策也得到了實現，現在該是功成身退的時候了。他堅決拒絕任何人的挽留：「該是讓年輕人發揮作用的時候了！」一七九七年三月三日，在全國人民的熱淚和掌聲中，他欣然回到了田園荒蕪的弗農山莊。

華盛頓的隱退，為美國的總統任期立下了先例。根據美國當時的憲法，總統任期為四年，但鑒於華盛頓的崇高威望，沒有限制連任的次數。也就是説，如果華盛

頓高興，可以一直連任下去。現在，他這個開國功臣的示範，使美國從此有了一條不成文的規定，即是説，總統連任不能超過兩屆。

華盛頓退位以後，在弗農山莊過了兩年安逸的日子。他的身體一直很好，幾年來十分用心經營他的農莊。

一七九九年十二月十二日，華盛頓像往日一樣，冒着大風雪出門去視察他的農莊。第二天，他覺得嗓子有點痛，可並不當一回事，還把報紙上一些有趣的新聞唸給妻子聽。夜裏，華盛頓忽然覺得身上發冷，呼吸困難。他叫醒身邊的妻子馬撒。馬撒一聽，很是害怕，便馬上要去找醫生。華盛頓怕她着涼。説：「算了吧，沒事的。」直到天亮了，僕人進來，華盛頓才讓她叫來給農莊工人看病的監工羅林斯，給自己放血。

這時候，秘書利爾也趕來了，見到情況不對，馬上跑去請來了克雷克醫生和另外兩位內科醫生。

知識門

放血：

歐洲人源於十二世紀初的一種放血醫療法，人們認為病是因為有壞血，放血便可治療。

三位醫生馬上採取各種方法搶救，但都沒有用，華盛頓的情況越來越差。克雷克醫生難過地對馬撒説：

「準備辦理後事吧。」

　　下午，華盛頓醒過來，小聲對利爾說：「我知道我不行了，請你把我的文件整理好，把賬目清理一下。葬禮不要講排場，我死後三天再下葬吧。明白我的意思了嗎？」說完又昏迷過去。

　　夜裏十一點，華盛頓的手無力地垂落下來。馬撒不甘心地問：「他去了嗎？」醫生難過地點點頭。

　　一位舉世無雙的偉人就這樣無聲地離開了人間。

　　美國國會的悼詞給了華盛頓最高的評價：「他是戰爭時期的第一人，和平時期的第一人，同胞們心目中的第一人，一位舉世無雙的偉人。」

想一想

1. 有人勸華盛頓當美國的國王，華盛頓認為是對他極大的侮辱。對這事你是怎麼理解的？

2. 對於華盛頓兩次拒絕擔任總統，你有什麼看法？

華盛頓生平大事年表

公元	年齡	事　件
1732年	/	華盛頓二月二十二日出生於英屬北美殖民地弗吉尼亞威斯特摩蘭縣布里奇斯溪莊園。
1743年	11歲	華盛頓的父親去世。
1748年	16歲	華盛頓當上土地測量員，開始獨立生活。
1752年	20歲	華盛頓的哥哥勞倫斯去世。
1753年	21歲	華盛頓出任弗吉尼亞南區民團少校副官。
1753年	21歲	華盛頓開始俄亥俄的冒險之行。
1754年	22歲	華盛頓任中校民團副官。
1754年	22歲	華盛頓辭去軍職。
1755年	23歲	華盛頓擔任上校副官。出任弗吉尼亞民團總指揮。

公元	年齡	事 件
1758年	26歲	華盛頓當選為弗吉尼亞弗雷德里克縣的議員。
1759年	27歲	華盛頓與馬撒‧丹德里奇‧卡斯蒂結婚。
1769年	37歲	華盛頓出席弗吉尼亞議會，通過抵制英國貨的提案。
1774年	42歲	華盛頓被推選為費爾法克斯縣代表會議主席。接著出席弗吉尼亞代表會議，被選為第一屆大陸會議代表。
1775年	43歲	華盛頓被大陸會議推舉並出任大陸軍總司令。
1776年	44歲	華盛頓向波士頓發起進攻。
1776年	44歲	大陸會議通過《獨立宣言》。
1782年	50歲	華盛頓在紐堡建立司令部。
1783年	51歲	八年抗英戰爭結束。華盛頓離開部隊回到弗農山莊與家人團聚。
1788年	56歲	華盛頓參加費城制憲會議，被推舉為大會主席。

公元	年齡	事　件
1789年	57歲	華盛頓當選為美國第一任總統。
1793年	61歲	華盛頓當選為美國第二任總統。
1797年	65歲	華盛頓不再連任總統，回到故鄉弗農山莊。
1799年	67歲	華盛頓於十二月十四日因病去世。

法國大革命

憑着美國革命（又稱美國獨立戰爭）勝利，北美殖民地終於可以擺脫英國的統治。但你知道嗎，原來當時世界的另一端也有一個國家同樣為着自由而掀起革命，這個地方就是法國。

法國曾經向北美軍提供協助，對抗英國的殖民地軍隊。事實上，當時法國出現反抗君主統治的思想正是受到美國革命啟發。

法國大革命是怎麼一回事？

以前的法國社會階級森嚴，最上層的貴族和教士不但享有財富和特權，而且不斷壓搾佔社會大多數的下層農民和貧民。人民都感到非常不滿。

同時，當時的法國國王路易十六對國家管理不善，與他的王后瑪麗‧安東妮特過着奢侈的生活。令法國的政治和經濟都變得一塌糊塗。

面對法國社會的各種問題，人民的不滿爆發。他們攻佔巴斯底監獄，展開法國大革命，反抗君主、貴族的壓逼，爭取自由。

法國大革命期間頒布了著名的《人權宣言》，這份文件成為法國大革命的重要思想。《人權宣言》強調人人生而平等、自由、民主等價值，與美國革命期間頒布的《獨立宣言》有不少相似的地方。

經過法國人民的竭力抵抗，法國大革命終於得到勝利。法蘭西第一共和國於1792年成立，路易十六不久後被送上斷頭台處決。

　　華盛頓曾經因為人民的擁戴而做了兩屆美國總統。在第二任總統任期即將完結時，人民再請求他連任，可是他拒絕了，最後回到弗農山莊過平淡的生活。如果你是華盛頓，要對人民進行卸任演說，你會説什麼呢？寫寫你的想法。